LA COURSE AU BONHEUR

Avis aux lecteurs

Vous êtes nombreux à nous écrire
et nous vous en remercions.
Pour être sûrs que votre courrier arrive,
adressez votre correspondance à :

Bayard Éditions Jeunesse
Collection Cœur Grenadine
3 / 5, rue Bayard
75008 Paris.

Cœur Grenadine

LA COURSE AU BONHEUR

BARBARA CONKLIN

TRADUIT DE L'AMÉRICAIN
PAR PASCALE HAAS

QUATRIÈME ÉDITION

BAYARD JEUNESSE

Titre original :
SWEET DREAMS®
I believe in you

Loi n°49-956 du 16 juillet 1949
sur les publications destinées à la jeunesse
Dépôt légal février 2001

ISBN 13 : 978-2-7470-2246-0

Chapitre 1

C'était un bel après-midi de juin. Les vacances d'été venaient juste de commencer, et j'aurais dû sauter de joie. J'avais en effet toutes les raisons d'être heureuse : je venais de terminer ma dernière année de collège, j'allais entrer au lycée, et l'endroit où je partais le lendemain était celui que je préférais au monde ! Mais j'étais loin de me réjouir. Et j'avais beau faire des efforts, ma meilleure amie, Jessica, n'était pas dupe.

– Penny, je croyais que tu adorais passer l'été en Oregon, dit-elle en s'allongeant sur mon lit et en étirant ses longues jambes fines. L'année dernière, tu étais furieuse de ne pas pouvoir partir, et là, on dirait que ça t'ennuie.
Elle écarta une mèche de cheveux noirs de ses yeux :
– Tu vas pourtant revoir tes amies, Jane et Giddy. Tu m'as toujours dit que vous passiez des moments fabuleux ensemble.
Je mis quelques débardeurs dans ma valise, ouverte sur le sol.
– Oui, il y a deux ans, on s'était baladées partout dans Newport, dis-je en soupirant. Je suis un peu inquiète, voilà tout. Oh, Jessica, il s'est passé tellement de choses depuis la dernière fois que je les ai vues !
Je m'assis par terre en continuant à entasser des vêtements dans ma valise.
– Personnellement, je donnerais n'importe quoi pour aller à Newport avec toi ! poursuivit Jessica. Il y a plein de trucs à faire là-bas pendant l'été ! Dan, lui, part en Virginie ; je serai donc sans petit copain. Et comme tu pars en Oregon, je n'aurai même plus ma meilleure copine ! La seule qui reste, c'est Rommie. Mais depuis que vous

avez eu votre accident, ses parents ne la laissent plus sortir.
Jessica venait de toucher mon point faible – ce stupide accident sur la mobylette de Rommie, qu'aucune opération ne parviendrait à me faire oublier… Je ravalai mes larmes en me mordillant la lèvre.
– S'il te plaît, ne me parle plus de ça, dis-je d'un ton ferme.
– Excuse-moi. Ce n'était pas très délicat de ma part… Je suis désolée.
Je me relevai et allai vers la commode blanche, à l'autre bout de ma chambre. Sur le dessus étaient rangées mes coupes de championnats de natation, de tennis… et encore de natation ! Mon regard s'attarda sur ma préférée : celle que j'avais gagnée en arrivant première au championnat régional de brasse papillon. Aussitôt, je détournai les yeux.
– C'est vrai que ça va être génial de retrouver Jane et Giddy, avouai-je à Jessica. Nous formions un super trio. En équipe, nous étions imbattables ! Giddy a un crawl parfait, Jane nage la brasse la plus rapide que j'aie jamais vue…
– Et tout le monde sait que tu es la reine du

papillon ! conclut Jessica. Au fait, comment ont-elles réagi à la nouvelle de ton accident ?

– Je ne leur en ai jamais parlé… Ni de ma hanche qui ne fonctionne toujours pas comme il faudrait après deux opérations… Je n'ai pas envie de me retrouver face à elles. Je préférerais ne pas partir du tout.

Jessica me jeta un regard incrédule avant de reprendre la parole d'une voix pleine de douceur :

– Allons, elles comprendront… Le sport te manque, je le sais, mais il y a des tonnes d'autres choses intéressantes à faire. Et puis, cet été sera le dernier que tu passeras à Newport avant que ton grand-père ne vende sa maison.

Baissant la tête, je me concentrai un instant sur mes ongles pour que Jessica ne voie pas les larmes qui m'étaient montées aux yeux. À la fin de cet été, Grandad partirait s'installer dans une maison de retraite.

– Pourquoi ne vient-il pas vivre ici avec vous ? demanda Jessica.

– Grandad refuse de quitter l'Oregon. C'est là qu'il est né, qu'il a grandi et qu'il a élevé ma mère.

Sur ces mots, nous restâmes toutes les deux

silencieuses. Parler de mon grand-père me met toujours dans un état bizarre. C'est parce que je l'aime beaucoup et que je ne supporte pas de le voir vieillir.

Lentement, Jessica leva les yeux et revint à notre conversation précédente.

– Je ne comprends pas que tu n'aies rien dit de ton accident à Jane et à Giddy, dit-elle d'une voix hésitante. Mais ne t'inquiète pas ; si elles sont d'aussi bonnes amies que tu le dis, tout se passera bien.

– Tu as raison, dis-je finalement. Jane et Giddy comprendront sûrement.

Mais je n'en continuais pas moins à m'angoisser. Car le problème n'était pas Jane ou Giddy. Jessica avait raison : mon handicap ne changerait rien, et nous resterions toujours amies. Mais ce que je souhaitais plus que tout au monde, c'était d'être capable de nager et de pratiquer d'autres sports. Un an s'était écoulé depuis l'accident ; un an pendant lequel je n'avais pas fait une longueur de bassin ou une partie de tennis ! Pourtant, je continuais à penser au plaisir que me procuraient ces sports.

Et, tout au fond de moi, je savais que je ne l'éprouverais plus jamais.

Chapitre 2

Cette année, ma mère, mon frère et moi partirions sans mon père. Il avait signé un contrat avec un éditeur et, dès notre départ, il disposerait de tout le calme et la tranquillité nécessaires pour écrire son roman. Nous aussi, nous allions travailler très dur. Notre séjour à Newport avait pour but d'aider mon grand-père à fermer sa maison. Maman prétendait qu'il n'aurait aucun mal à trouver un acheteur. Nous devions entreposer une partie du mobilier au garde-meuble, et vendre le reste, trier ses affaires, procéder à un grand nettoyage, voire à quelques petites réparations.

– Penny, dit mon père la veille de notre départ en me regardant d'un air soucieux, tu n'as pas l'air heureuse. Qu'est-ce qui te tracasse ?

Ma mère releva la tête et s'immobilisa une seconde, la louche au-dessus de la soupière. Elle avait été trop occupée pour remarquer mon humeur maussade. Après m'avoir jeté un bref regard, elle se tourna vers mon père :

– Je suppose qu'elle ressent la même chose que moi, Andrew. C'est la première fois que nous partons à Newport sans toi. Ça me fait tout bizarre…

« Et les premières vacances que je passerai là-bas sans pouvoir nager ni jouer au tennis », me dis-je intérieurement.

– J'imagine que tu vas profiter de ces vacances pour nager et bronzer, Penny, continua mon père.

Je faillis avaler ma soupe de travers et attrapai la carafe de thé glacé.

– Nager ? Penny est bien trop froussarde

pour oser nager ! cria Frankie en se fourrant un biscuit entier dans la bouche.

– Penny reprendra le sport quand elle se sentira prête, dit ma mère en me souriant tendrement. Mais tu sais ce que la doctoresse a dit, ma chérie : l'exercice aiderait ta hanche à se consolider.

– C'est bien ce que je disais ! C'est une froussarde ! claironna Frankie d'une voix triomphale.

– Frankie, tais-toi ! lui ordonna maman.

Puis elle se tourna vers moi :

– Ne t'en soucie pas. Tu es une fille intelligente. Tu feras ce qui sera le mieux pour ta hanche, j'en suis certaine. Quant à toi, poursuivit-elle en s'adressant à mon père, tu dois me promettre de terminer ce livre. Tu vas enfin avoir la paix dont tu rêvais.

J'étais ravie qu'elle ait changé de sujet... me permettant ainsi d'échapper à une nouvelle discussion à propos de mon accident. Les choses étaient suffisamment pénibles comme ça !

Je repensai à mon dernier été à Newport. Avec Jane et Giddy, nous avions participé à toutes les compétitions organisées par la piscine municipale. Et nous les avions toutes gagnées ! Cette période avait été la plus extraordinaire de ma vie. Mais ça, c'était avant l'accident… Désormais, les choses étaient bien différentes.

Ma famille partait pour tout l'été à Newport depuis ma naissance. Je passais des moments merveilleux à escalader les falaises qui longeaient le Pacifique, à ramasser des agates et à regarder les voiliers glisser à l'horizon. Le jour de la fête nationale, le 4 juillet, la famille au grand complet partait à la pêche ou en randonnée dans la pinède. Et le soir venu, nous allions admirer les feux d'artifice dans la baie.

L'année dernière, nous n'étions pas partis à cause de mon accident. Jane, Giddy et moi nous étions écrit de longues lettres. Elles m'avaient tenue au courant de toutes les compétitions qui s'étaient déroulées à la piscine. Brusquement, je me surpris à soupirer.

– Allons, Penny, me dit mon père en riant, ce n'est pas aussi terrible que ça. Je suis sûre que tu pourras aller à la piscine barboter un peu !

Mais je savais que je n'aurais aucune envie de mettre les pieds à la piscine. Et j'avais beau tout essayer, je n'arrivais pas à chasser l'image de notre trio remportant les coupes les unes après les autres…

Qu'allais-je faire de ces deux longs mois d'été ?

Chapitre 3

Jessica a toujours été un peu fofolle. C'est d'ailleurs pour ça que je l'aime tant. Le lendemain, en me disant au revoir sur le seuil de la cuisine, elle me mit dans les mains une énorme boîte de bâtons de réglisse. Puis elle me tendit un autre paquet.

– Tu dois promettre de ne pas l'ouvrir avant d'être arrivée à l'aéroport ! m'ordonna-t-elle. Allez, jure-le-moi !

– Promis, juré, craché ! dis-je en l'embrassant une dernière fois.

Sur la route de l'aéroport, je me retins de retourner et de secouer le paquet. Quand, enfin, mon père gara la voiture au parking, j'arrachai le papier rose et le ruban qui l'entourait.

À l'intérieur se trouvait une chaussure. Une Tiger Lady-X, disait l'étiquette. Jessica et moi avions aperçu ces baskets dans un magasin de sport la semaine précédente, et je lui avais dit combien l'association du bleu et du blanc me plaisait. Et voilà que je me retrouvais avec une de ces chaussures à la main ! Une superbe basket, parfaite pour courir… Mais pourquoi une seule ?

– C'est le pied gauche, commenta Frankie en regardant par-dessus mon épaule.

– Et alors ?

– Qu'est-ce que c'est ? demanda ma mère.

– Jessica m'a fait un cadeau bizarre… Une chaussure pour courir. Elle a dû oublier de mettre l'autre dans la boîte, dis-je en admirant celle que je tenais à la main.

« Elle m'encourage à faire du sport, pensai-je. Elle sait pourtant bien que j'en suis incapable. »

Je remis la chaussure dans le papier de soie

blanc et la fourrai dans la boîte. «Jessica n'aurait jamais dû dépenser autant d'argent... surtout que je ne peux rien faire de cette chaussure. Ça ne changerait d'ailleurs pas grand-chose si j'avais les deux.»

Un quart d'heure avant l'embarquement, j'aperçus Jessica qui se faufilait dans la foule en brandissant l'autre chaussure.

– Penny ! C'est le seul moyen que j'aie trouvé pour convaincre ma mère de m'accompagner jusqu'ici. Je lui ai dit que j'avais oublié de te donner l'autre moitié de ton cadeau !

Il était temps d'embarquer. Je l'embrassai de nouveau et, à la dernière seconde, Jessica me murmura à l'oreille :

– Tout ira très bien, Penny, j'en suis sûre. Quand on se reverra, je parie que tu me diras que tu viens de passer le plus bel été de toute ta vie !

– Merci, lui dis-je, sans préciser que son cadeau ne me servirait à rien.

Je ne voulais pas lui causer de la peine. D'autant qu'elle était venue jusque-là pour me rassurer une dernière fois. Tout le monde devrait avoir une amie comme Jessica.

Prendre l'avion sans mon père me faisait un

drôle d'effet. Au moment de lui dire au revoir, je vis son regard s'embuer. Il me serra dans ses bras, et je l'embrassai. Maman dut se forcer elle aussi pour retenir ses larmes.

Tandis que nous volions au-dessus des nuages, je repensai à mes amies – Giddy, grande et mince, repoussant ses cheveux bruns qui retombaient sans cesse sur ses yeux d'un beau brun sombre, et Jane, toute petite, avec ses boucles blondes et sa peau très pâle. Avaient-elles beaucoup changé en deux ans ? Elles auraient sans doute l'air un peu différentes, mais, pour l'essentiel, elles seraient toujours les mêmes. Ce qui n'était pas mon cas… Je regardai ma jambe. Comme je n'avais aucune cicatrice, personne ne pouvait deviner que j'avais gardé des séquelles de l'accident.

Préparer mes bagages avait dû m'épuiser, car je sombrai bientôt dans un profond sommeil. Ce fut l'hôtesse de l'air qui me réveilla en me demandant de redresser le dossier de mon siège. Le haut-parleur se mit à grésiller. « Nous atterrirons à Eugene, Oregon, dans environ huit minutes, annonça la voix du pilote. Nous espérons

que vous avez fait bon voyage. Veuillez attacher vos ceintures. »
« Newport, à nous deux ! » me dis-je, sans trop savoir toutefois si je devais me réjouir ou me désoler.

Chapitre 4

Le terminal de l'aéroport était peint en gris et rose. En allant récupérer nos bagages, j'essayai de repérer mon grand-père. D'habitude, il était là au moment où l'avion se posait. Mais, cette fois, je ne voyais nulle part sa tignasse blanche dans la foule. Au bout de quelques minutes, nous nous dirigeâmes vers le parking.

– Bon, dit ma mère, maintenant, essayons de retrouver Grandad. C'est curieux qu'il ne soit pas encore là...

C'est alors que j'aperçus la vieille Buick entrer dans le parking. Mon grand-père, assis du côté passager, nous fit de grands signes de la main quand la voiture amorça le virage.

Le garçon qui conduisait avait environ le même âge que moi. Très grand et très mince, il eut du mal à extirper ses longues jambes coincées sous le volant pour descendre de la voiture. Puis il contourna le capot et aida mon grand-père à sortir.

Grandad avait l'air beaucoup plus vieux que la dernière fois que je l'avais vu. Ses cheveux blancs s'étaient raréfiés au sommet de son crâne. Et il me paraissait plus petit qu'auparavant ; sans doute s'était-il un peu voûté. Des rides barraient son front et creusaient ses yeux, et il était plus mince aussi. Presque maigre.

Il nous serra dans ses bras en nous embrassant tour à tour. C'était merveilleux de le revoir. Maman avait les larmes aux yeux, et je retins les miennes au prix d'un grand effort. Je déteste pleurer en public. Frankie se tenait près de nous, sans trop savoir comment se comporter.

– Incroyable ! s'exclama Grandad en recu-

lant de quelques pas pour regarder mon petit frère.
Il se pencha pour l'embrasser, mais se ravisa brusquement et lui tendit la main. Frankie lui décocha un grand sourire béat. Visiblement, ces deux-là allaient s'entendre comme larrons en foire !
Pendant tout ce temps, je sentais que le garçon qui avait conduit la voiture me dévisageait. Ses yeux étaient rivés sur moi, et au bout de quelques secondes, son regard se fit si insistant qu'il me força à le regarder à mon tour. Quelle impression bizarre !
Il m'adressa un sourire, que je lui rendis. Mais mon grand-père intervint, rompant le charme.
– Oh, pardon, je ne vous ai pas présentés… Voici Bill Davis. Il me donne un coup de main à la maison et me rend quelques services. Le Dr Dunn ne veut plus que je conduise tout seul.
Une fois les présentations terminées, Bill et Frankie transportèrent les bagages dans le coffre de la voiture. Puis Bill installa Grandad sur son siège et se glissa derrière le volant. Maman, Frankie et moi prîmes place à l'arrière.

– Tu as toujours Rusty ? trompetta Frankie dans nos oreilles au moment de démarrer. Grandad se retourna en souriant :
– Bien sûr ! Il est même plutôt en forme, compte tenu de son grand âge !
– Est-ce qu'il vient toujours s'asseoir à côté de toi pour quémander des restes ? demanda Frankie.
– Toujours ! confirma mon grand-père. En dehors du fait qu'il vieillit, comme moi, ce chien ne change pas. Il s'installe près de ma chaise et attend que je lui donne un bout de toast ou de côte de porc. Et il adore les frites !
– Papa, ne me dis pas que tu te nourris uniquement de côtes de porc et de frites… Ce n'est pas du tout indiqué pour ton régime !
Grandad toussota et marmonna quelque chose d'inaudible dans sa barbe.
– Je suppose que tu te gaves aussi de glaces ! soupira ma mère en se calant au fond de son siège.
Si seulement Frankie n'avait pas abordé le sujet !
Je me recroquevillai dans mon coin et fermai les yeux. Je me demandais ce que Jane et Giddy étaient en train de faire à

cette heure-ci. Peut-être étaient-elles à la piscine... Lorsque je rouvris les yeux, nous roulions au milieu de la forêt. Frankie poussa un cri en apercevant une biche qui broutait paisiblement dans une clairière, et maman s'extasiait devant la beauté du paysage.

Mon grand-père commença à parler de sa maison et de la difficulté qu'il éprouvait à la quitter, sur les conseils de son médecin. Tout à coup, il pivota sur son siège et me regarda.

– Et comment va ma petite-fille? demanda-t-il avec un sourire plein d'affection. Et ta jambe? Ta mère m'a dit que tu t'étais remise.

Je vis la main de Bill ajuster le rétroviseur. Une fois de plus, il m'observait.

– Ça va, répondis-je un peu sèchement.

– Elle est en pleine forme, compléta ma mère en me lançant un regard qui signifiait: « Sois plus aimable. »

Je déteste qu'on me parle de ma jambe. Pourquoi ne me fiche-t-on pas la paix? Le seul fait de m'entendre poser la question déclenche chez moi une douleur. Et je sentais déjà une crampe derrière le genou. Il

me tardait d'arriver à Newport pour pouvoir me dégourdir.
Le reste du trajet se déroula tranquillement. Ma mère et mon grand-père évoquèrent le bon vieux temps. Frankie s'était endormi, la tête sur l'épaule de maman. Quant à Bill, il continua à tripoter ce fichu rétroviseur et à m'observer, au point de me mettre mal à l'aise. Au bout d'un moment, je décidai que nous pouvions être deux à jouer à ce petit jeu et commençai à l'observer à mon tour : épaules pas très larges, mais musclées, cheveux d'un beau châtain foncé avec de légers reflets roux... De temps à autre, il écartait une mèche folle de ses yeux. Ses cheveux étaient ébouriffés, mais de façon naturelle. Lorsqu'il jetait un coup d'œil dans le rétroviseur, j'apercevais son profil : un nez droit et une bouche qui exprimait douceur et gentillesse.
Enfin, nous arrivâmes à Newport. Frankie s'était réveillé, et maman était en train de dire combien elle était heureuse de retrouver sa ville natale. Chaque fois, c'est la même chose : elle devient terriblement sentimentale.
– Hier soir, j'ai fait cuire un rôti de bœuf, dit

mon grand-père quand Bill s'engagea sur la route qui longeait la plage. Nous pourrons nous confectionner des sandwiches et les manger avec ma fameuse salade de pommes de terre, célèbre dans le monde entier ! Et je t'ai préparé ton gâteau préféré, Louise.
– Je croyais que tu étais censé ne plus mettre un pied dans la cuisine, le gronda ma mère. Papa, tu ne fais décidément rien de ce que t'a ordonné le médecin.
Grandad éclata de rire :
– Si je n'ai même plus le droit de cuisiner une fois de temps en temps, je vais me dessécher et mourir ! C'est d'ailleurs ce qui m'inquiète au sujet de cette maison de vieux. Je doute qu'ils m'autorisent à aller faire un tour en cuisine…
Maman lui toucha l'épaule et se pencha vers lui.
– Ce n'est pas une maison de vieux, Papa. Ça s'appelle une maison de retraite. Et je t'ai déjà dit cent fois que tu devrais venir vivre à Carousel. Tu ne serais pas si mal, avec nous.
Mon grand-père renversa la tête en arrière en riant :
– Louise, je suis né à Newport, où j'ai

grandi dans la quincaillerie de mon père. C'est là que je suis allé à l'école, que je me suis marié et que je t'ai élevée. Et c'est là que j'ai l'intention de finir mes jours.

La voiture tourna dans l'allée menant à la maison de Grandad, construite au bord d'une falaise qui surplombait la plage. Lorsque j'étais petite, j'avais peur qu'elle ne bascule dans l'océan à la première tempête. C'est une grande maison majestueuse, avec d'immenses baies vitrées dans chaque pièce. Les rayons du soleil la traversent et font tout briller. Et quand il pleut, c'est un endroit confortable et rassurant, où on peut rester pelotonné bien au sec en écoutant gronder l'orage.

Ce jour-là, le soleil resplendissait et la mer étincelait. Tout était comme avant. Je mourais d'envie d'enfiler mon maillot de bain, de dévaler le vieil escalier branlant jusqu'à la plage et de me baigner un long moment. Mais, bien entendu, avec ma jambe, c'était impossible. Cette pensée me déprima une seconde, mais j'étais trop heureuse pour me morfondre. Le cœur battant, je respirai profondément, tout à coup folle de joie. Les vacances commençaient pour de bon !

Chapitre 5

Dès que Bill arrêta la voiture derrière la maison, je bondis dehors et inspirai à fond pour me remplir les poumons de l'air de l'océan. Je filai ensuite dans la cuisine, où un gâteau à la carotte trônait sur le comptoir.

Je me précipitai dans le salon imposant, rempli de meubles en bois verni, qui ouvre sur une véranda longeant la façade de la maison. C'est la pièce que je préfère. À travers les fenêtres à petits carreaux, on a une vue panoramique sur la plage. C'est un endroit idéal pour admirer le coucher de soleil quand les soirées sont fraîches ou pour regarder la tempête se déchaîner sur l'océan.

Au-delà de la véranda se trouve un petit jardin clos par une barrière en bois, que des années de soleil et de vent ont patinée d'une belle nuance grise.

Je sortis dehors pour contempler la mer et le ciel. Les mouettes, qui s'étaient rassemblées sur un promontoire rocheux, poussaient des cris stridents. Elles déployèrent leurs ailes et s'envolèrent d'un seul coup, comme pour me souhaiter la bienvenue. Être là me comblait de joie.

J'entendis ma mère m'appeler. Aussitôt, je retournai dans la cuisine, où Bill venait de déposer nos bagages.

– Où veux-tu que je mette ça? me demanda-t-il.

C'était la première phrase qu'il prononçait depuis que nous l'avions rencontré à l'aéroport, deux heures plus tôt.

– J'ai pris l'habitude de dormir dans une des chambres du bas, c'est plus facile pour moi, expliqua Grandad. Vous n'avez qu'à prendre les chambres du haut qui donnent sur l'océan. Comme ça, vous profiterez tous de la vue.

Bill commença à monter les bagages. Prenant mes propres sacs, je le suivis. Ma mère était juste derrière nous.

– Je vais prendre la chambre rose, dit-elle, et Frankie dormira dans la chambre à côté. Toi, Penny, tu n'as qu'à t'installer dans mon ancienne chambre. Elle est spacieuse, et c'est celle qui a la plus belle vue sur la mer. Cet été, je veux que tu aies tout ce qu'il y a de mieux !

J'emportai donc mes sacs au bout du couloir. Je savais que maman voulait me faire plaisir en me laissant sa chambre de jeune fille, parce que je n'avais pas eu de vacances l'année passée. Sans doute espérait-elle aussi me consoler un peu de mon accident…

– Que dirais-tu de manger quelque chose avant de défaire tes bagages ? me demanda maman en venant me rejoindre. Ton grand-père nous a encore préparé un vrai festin ! Maintenant que je suis là, je vais veiller à ce que ça ne se reproduise pas.

Je la suivis dans le couloir.
– Mais pourquoi te fais-tu autant de souci ? Il est tout maigre… Je suis sûre qu'il ne mange pas trop !
– Tu sais comme moi qu'être gros ou maigre n'est pas le plus important. Quand on a eu une crise cardiaque, il faut surveiller son alimentation, de façon à ne pas engorger les artères et à renforcer le muscle du cœur. Et, pour ça, certains aliments sont à proscrire définitivement.
Quand nous descendîmes, Frankie était déjà dans la salle à manger. J'entendis Grandad proposer à Bill de rester dîner avec nous.
– Je ne peux pas, je vous remercie, dit celui-ci poliment. Ma grand-mère m'a demandé de lui rapporter du poisson ; je dois me dépêcher.
Il sortit précipitamment, et bientôt j'entendis le moteur de sa voiture, une vieille Coccinelle jaune pâle que j'avais remarquée en arrivant, à moitié cachée sous les arbres de l'allée.
Je me tournai vers mon grand-père :
– Je n'avais jamais vu ce garçon dans les parages.

– Oh, mais si, tu l'as vu ! dit Grandad en ouvrant le réfrigérateur.
Maman se précipita derrière lui :
– Va t'asseoir, Papa. Dorénavant, c'est moi qui suis en charge de cette cuisine !
Grandad n'insista pas.
– D'accord. Je vais préparer le café, dit-il en souriant.
Il semblait ravi de nous voir de nouveau réunis dans sa vieille maison.
Il mit la cafetière en route ; puis, l'air las, il se laissa tomber sur la chaise la plus proche. En prenant place à côté de lui, je me sentis tout à coup épuisée. Sans doute était-ce à cause du décalage horaire. Chez nous, dans l'Ohio, il était trois heures de plus.
– Non, je ne crois pas avoir déjà vu Bill, repris-je.
– Si, certainement. Mais il faut dire qu'il a beaucoup changé. Tu ne te souviens pas de ce gosse qui venait tondre la pelouse et qui arrachait parfois des fleurs à la place des mauvaises herbes ?
– Oh oui ! Un garçon maladroit... Mais ce n'était pas Bill Davis. Celui dont tu parles ressemblait à un gros patapouf et avait le visage couvert de boutons.

– C'est pourtant bien lui ! lança Grandad, l'œil brillant de malice.
– Mais… c'est impossible ! Bill est grand, mince, et il a une peau superbe. Il est même très beau garçon.
– Ah, je vois que tu l'as remarqué ! fit Grandad en riant de plus belle. Je t'ai trouvée bien silencieuse, blottie à l'arrière de la voiture. Il vient de Californie. C'est là qu'il est né et qu'il a grandi. Le dernier été où tu es venue, il passait ses vacances chez ses grands-parents et se faisait un peu d'argent de poche en s'occupant de mon jardin. Mais les circonstances ont fait que Bill n'est jamais reparti chez lui. Ses parents se sont tués dans un accident d'avion. Si bien que les vacances de Bill n'ont jamais pris fin… Il n'a pas pu rentrer chez lui. Il n'y avait plus personne là-bas pour l'attendre…
J'éprouvai soudain une réelle compassion pour Bill. Pour lui, cet été-là avait dû être un cauchemar…
– À présent, poursuivit Grandad, il vit avec ses grands-parents. D'après ce que je sais, c'est un petit-fils très dévoué. Et, chaque soir, juste avant que le soleil se couche, il va courir le long du rivage. Il est aussi

rapide que l'éclair. Pour le voir, il faut vraiment ouvrir l'œil !

Je comprenais maintenant mieux ce qu'exprimaient ces yeux bleu sombre. Et cela ne tenait pas seulement à leur couleur. Ils laissaient deviner un sérieux et une sensibilité que je n'avais jamais vus dans le regard d'aucun autre garçon.

Je continuai à penser à Bill un instant ; puis je réussis à chasser son image de mon esprit et demandai à Grandad s'il avait des nouvelles de Giddy et de Jane.

– Je ne pense pas que tu les verras beaucoup, dit Grandad. À moins que tu n'aies prévu d'aller souvent à la piscine... Elles travaillent comme surveillantes de baignade. Elles ont été embauchées pour tout l'été.

Surveillantes de baignade ? Ouah !... Nous avons passé tout un été sur les gradins de la piscine à nous dire que ce serait fantastique de faire ce travail : un pur plaisir, pour lequel on se fait payer ! Sans compter que les maîtres nageurs étaient drôlement beaux !

– Quelle chance elles ont ! m'écriai-je. Oh, il me tarde de les voir !

Bavardant avec Grandad, je touchai à peine aux plats. Mon petit frère, lui, n'avait pas arrêté de se goinfrer.

– Je peux en reprendre ? demanda-t-il. J'ai encore faim !

– Oh, Frankie ! gémit ma mère. Tu vas te rendre malade à force de manger aussi vite !

– Pas avec ma cuisine, observa Grandad. Allez, Louise, ressers-le !

– Papa, j'apprécierais beaucoup que tu ne pourrisses pas mes enfants, rétorqua-t-elle en faisant un effort pour ne pas rire.

Elle le serra dans ses bras et lui plaqua un gros baiser sur la joue :

– Oh, c'est si bon de te revoir, Papa ! Ça fait si longtemps !

Pendant que je débarrassais la table, ils restèrent assis tous les deux en évoquant leurs souvenirs. Après quoi, j'allai dans la véranda et passai un long moment à contempler le paysage. Tout à coup, quelque chose sur la plage attira mon attention. Je sortis dans le jardin et me penchai au bord de la falaise. C'était Bill Davis. C'est vrai qu'il courait aussi vite que l'éclair ! On aurait dit qu'il avait des ailes

aux pieds et qu'il se déplaçait sans toucher le sol.
Quelques secondes plus tard, il avait disparu.

Chapitre 6

Le lendemain, après le petit déjeuner, je téléphonai à Giddy.

– Penny ! Comme je suis contente que tu sois là ! s'écria mon amie. Oh, Penny, ça fait tellement longtemps… Tu sais, je suis surveillante de baignade. Et Jane aussi. Il faut absolument que tu passes à la piscine !

La joie sincère de ma vieille amie m'émut.

– Je ne vais pas avoir beaucoup de temps libre, lui dis-je. Nous sommes venus fermer la maison de Grandad. Il va la vendre, et il faut tout emballer.

Il y eut un moment de silence au bout de la ligne.

– Je sais ce qu'on va faire, dit-elle enfin. Cet après-midi, Jane et moi terminons à deux heures. On pourrait passer te voir… à moins que tu ne préfères te déplacer. Oui, c'est une bonne idée. Tu n'as qu'à venir faire quelques longueurs. Comme ça, nous discuterons un peu.

– Non, non, je ne peux pas. Je vais être très occupée ici. Mais vers trois heures, je trouverai bien un moment à vous consacrer. Vous n'avez qu'à venir à la maison.

– D'accord. Jane est folle de joie, elle aussi, à l'idée de te retrouver. Bon, alors, à plus tard !

Ma mère entra dans la pièce et s'assit sur le canapé.

– Penny, dit-elle, j'ai entendu ce que tu disais et… je voulais t'assurer qu'il n'y a aucune raison que tu te prives de la piscine. Nous avons tout l'été devant nous pour préparer le déménagement. Rien ne t'oblige à rester cloîtrée. Il faut que tu sortes et que tu t'amuses.

– Oh, je pensais juste que ce serait mieux de les voir ici, dis-je en tripotant le fil du téléphone.

Pendant ma conversation avec Giddy, je l'avais complètement entortillé.

Ma mère secoua lentement la tête, l'air navré :

– Ma chérie, arrête de te torturer comme ça ! Tu es en vacances. Ne laisse donc pas ta nervosité te…

Un léger bruit à la porte d'entrée l'empêcha de continuer, ce dont je me félicitai. Je n'avais aucune envie de l'écouter me faire la leçon ! Maman alla ouvrir, et je l'entendis accueillir Bill, que Grandad avait appelé pour nous aider à trier les affaires entassées dans le garage.

« Parfait, me dis-je, j'ai franchi le premier obstacle. Je vais voir Jane et Giddy à la maison, où je n'aurai qu'à bavarder – ce que je sais très bien faire ! Pas besoin de donner des explications. »

Nous passâmes la matinée à rassembler les outils de mon grand-père. Il était désolé de s'en séparer. À un moment, je vis qu'il avait les larmes aux yeux.

Bill se pencha sur le carton que j'étais en

train de remplir et me chuchota à l'oreille d'une voix inquiète :
– Tu vois à quel point ton grand-père est malheureux de partir d'ici ? Pourquoi l'obligez-vous à vendre cette maison alors qu'il y est si heureux ?
Je me redressai, mais Bill était déjà occupé à autre chose. Pourquoi m'avait-il dit ça à moi ? Naturellement, nous savions tous que Grandad n'avait pas envie de partir, mais on n'y pouvait rien. Il ne voulait pas venir vivre dans l'Ohio avec nous. Et il n'était plus capable de tenir la maison tout seul. Je l'aimais beaucoup, moi aussi, mais il n'y avait pas d'autre solution.
À deux heures et demie, Bill rentra chez lui, et je montai dans ma chambre pour me préparer à accueillir mes amies. Maman s'éclipsa dans la cuisine nous confectionner quelques sandwiches. Grandad décida qu'il était temps pour lui de faire une petite sieste, et Frankie fila chez Bobby, un garçon de son âge qui habitait la maison voisine.

J'étais en train de me coiffer dans la salle de bain du premier étage lorsque j'entendis

Jane et Giddy monter l'escalier qui menait à la véranda. Je me précipitai à leur rencontre. Nous nous embrassâmes, et une minute plus tard nous étions en train de bavarder et de pouffer de rire comme si nous ne nous étions jamais quittées.

Une lueur d'enthousiasme s'alluma dans le regard bleu de Jane lorsqu'elle se mit à parler de son travail à la piscine. Ses cheveux blonds étaient toujours aussi bouclés, et elle n'avait pas beaucoup grandi.

– Prends un biscuit, ou même deux! lui dis-je en riant. Tu es tellement menue, tu pourrais tous les manger!

Giddy me sourit avec chaleur. Sa peau était dorée par le soleil, et ses cils légèrement maquillés faisaient paraître ses yeux bruns encore plus grands. Elle portait un short en jean et un T-shirt blanc où figurait le sigle de la piscine. Elle était même plus jolie qu'avant!

– Penny, il faut que tu passes nous voir! Le matin, nous donnons des leçons à un groupe d'enfants. Je suis certaine que ça t'amuserait!

– Si j'ai le temps, promis-je, tout en sachant que je n'irais pas.

Nous parlâmes ensuite du nouveau petit ami de Jane, qui travaillait cet été sur un bateau de pêche, et du garçon auquel s'intéressait Giddy, un des maîtres nageurs. Jane et Luke se fréquentaient depuis deux mois, et tout laissait croire que Ron allait d'un jour à l'autre proposer à Giddy de sortir avec lui.

– Et toi, tu as un copain? me demanda Jane en buvant une gorgée de limonade.

– Non, personne en particulier.

Je me levai pour leur donner des serviettes en papier.

– Descendons faire un tour à la plage, proposa Giddy.

– Bonne idée! s'exclama Jane.

Une fois sur le rivage, nous retirâmes nos chaussures. Je sentis le sable chaud couler entre mes orteils. J'étais vraiment heureuse d'avoir retrouvé mes amies. Ensemble, nous marchâmes au bord de l'eau en jouant à éviter les vagues glacées qui venaient mourir à nos pieds.

Tout à coup, Giddy se tourna vers moi. Son sourire avait disparu, mais ses immenses yeux bruns me regardaient avec beaucoup de douceur:

– Tu sais, Penny, nous sommes au courant pour ton accident. Inutile de t'en cacher. Ton grand-père nous a tout raconté. Mais il a dit aussi que tu allais beaucoup mieux. C'est pour ça que je t'avais proposé de venir te baigner aujourd'hui.
– Oh…
Je crus que j'allais m'étrangler. Pendant quelques secondes, je ne pus rien ajouter.
– Grandad se trompe, dis-je enfin. Je vais mieux, c'est vrai, mais il y a encore des tas de choses que je ne peux pas faire… par exemple, nager.
Jane avait l'air sincèrement désolée :
– Penny, on ne savait pas…
– Excuse-nous, renchérit Giddy. On nous a dit que tu étais complètement remise. Tu sembles d'ailleurs en pleine forme et…
– Oui, ça va… Seulement, je dois être très prudente. C'est pour ça que je ne suis pas venue nager.
– Alors, nous pourrions aller ensemble au cinéma ou flâner au centre commercial, dit Giddy. Il y en a un tout neuf, et il est gigantesque. Et il y a des quantités d'autres occupations !
– Oui, c'est vrai, approuva Jane.

– Bien sûr, dis-je, soulagée.
– Bon, il faut qu'on retourne à la piscine pour assister à une réunion de toute l'équipe, dit Giddy. On te rappelle, et on se voit dès que possible, d'accord ?
– D'accord. Ça m'a vraiment fait plaisir de vous revoir, les filles !
– À nous aussi, dit Giddy en m'embrassant sur les deux joues.
– À plus tard ! cria Jane lorsqu'elles s'éloignèrent à petite foulée sur la plage.
Je me dirigeai lentement vers l'escalier menant à la maison. Mes pieds me parurent peser des tonnes.
Je m'assis sur les marches de la véranda pour regarder l'océan. Le soleil s'était caché derrière un nuage gris et, au bout de quelques minutes, j'entendis des gouttes de pluie rebondir sur la verrière. L'averse s'intensifia ; on eût dit que quelqu'un jetait des perles de verre sur les vitres.
Je repensai alors à l'orage qui avait eu lieu lors de mon dernier séjour. C'était la première fois que Giddy, Jane et moi avions concouru en équipe. La pluie tombait sur le toit de la piscine avec le même bruit. Jamais je ne m'étais sentie aussi proche de

mes amies qu'en attendant le signal du départ ce jour-là…
« Désormais, tu ne fais plus partie d'aucune équipe, Penny Snow, me dis-je, l'humeur soudain morose. Désormais, la seule chose que tu puisses faire, c'est rester assise là en écoutant tomber la pluie. »

Chapitre 7

Les préparatifs du déménagement avançaient. Il y avait maintenant quatre jours que nous nous occupions d'emballer les outils et les gadgets, d'étiqueter les cartons, de les fermer avec du scotch, puis de les entreposer soigneusement au fond de l'immense garage. Grandad passait la plus grande partie de son temps sur un haut tabouret à diriger les opérations.

Plusieurs fois, j'avais vu Bill serrer les

dents, comme s'il était furieux que mon grand-père soit contraint de partir. À dire vrai, cela m'agaçait de voir que Bill nous tenait pour responsables de la tristesse de mon grand-père. Nous aussi, nous étions malheureux de cette situation !

Finalement, nous en parlâmes un jour après avoir fini de ranger le garage. J'avais emporté du thé glacé, et nous nous étions installés devant la maison pour profiter de la brise de l'océan.

– Aïe ! grommela Bill en s'asseyant en haut de l'escalier. Ce dernier carton m'a cassé les reins.

Il but une gorgée de thé.

– Pourquoi es-tu furieux contre nous ? en profitai-je pour lui demander.

– Furieux ? répéta-t-il, surpris. Je ne suis pas furieux.

– Mais si, tu l'es. Chaque fois que Grandad peste contre cette maison de retraite, tu nous regardes comme si c'était de notre faute !

– Oui, c'est vrai, reconnut Bill, un peu penaud, avant de me regarder droit dans les yeux. Mais vous y êtes quand même pour quelque chose, non ?

– Nous essayons seulement de trouver le

moindre mal. Il doit être entouré de gens qui s'occupent de lui.
– Mais il parle de cet endroit comme si on y mourait d'ennui ! Ton grand-père est un homme actif. Il va être très malheureux s'il n'a rien à faire de toute la journée.
– J'ai lu quelque part que dans l'Ohio, il y a une maison où les retraités gèrent tout eux-mêmes. Ils mettent tous la main à la pâte, mais ils peuvent demander de l'aide en cas de besoin. J'aimerais bien qu'il existe un endroit de ce genre par ici !
– Moi aussi, soupira Bill. Penny, il faut qu'on réfléchisse et qu'on trouve une solution.
– Tu as raison. Je sais à quel point c'est affreux de ne plus pouvoir bouger quand on a eu des tas d'activités.
– Qu'est-ce que tu veux dire ?
– Oh, avant mon accident, j'ai pratiqué plusieurs sports. Eh bien, maintenant ce n'est plus possible. Ça a vraiment changé ma vie… et ça ne m'enchante pas !
– Quel accident ? demanda Bill en se tournant vers moi. C'est à ça que faisait allusion ton grand-père sur la route de l'aéroport quand il t'a demandé comment allait ta jambe ?

– Oui. Tu n'as pas remarqué? Je marche bizarrement.
– Tu ne marches pas bizarrement du tout.
Il y eut un moment de silence.
– Raconte-moi cet accident, reprit-il enfin.
– Oh, c'est tout bête! J'étais à l'arrière d'une mobylette, et je suis tombée. J'ai été blessée à la jambe et à la hanche. J'ai déjà subi deux opérations, mais je ne serai plus jamais comme avant. J'étais une excellente nageuse, ajoutai-je d'une voix songeuse. J'étais même la vedette de notre club de natation. Je faisais aussi partie de l'équipe de tennis, et j'adorais le ski. Et puis il y a eu cette maudite chute... Je ne peux plus pratiquer aucun sport. Et même si un jour c'est possible, je serai toujours un peu trop lente pour remporter une compétition.
– Si tu as cette attitude-là, Penny, c'est que tu es une perdante! Moi qui te trouvais sympathique... Dès que je t'ai vue, tu m'as plu! Tu avais l'air différente des autres filles. Volontaire... Mais, en fait, tu ne l'es pas du tout!
Sur ces mots, il se leva d'un bond et me laissa plantée là.

Chapitre 8

Au cours de l'après-midi et de la soirée, je faillis plusieurs fois raconter à ma mère les choses horribles que Bill m'avait dites. Mais les mots restaient coincés dans ma gorge.

En fait, j'avais peur qu'elle ne soit d'accord avec lui. Car, tout au fond de moi, je savais qu'il y avait une part de vérité dans ce que Bill m'avait lancé. En fin de compte, je décidai de faire part à ma mère du reste de notre conversation, qui concernait Grandad. Elle était assise devant le miroir de sa coiffeuse, en train de se brosser les cheveux. En m'entendant entrer, elle se retourna. Je ne savais pas très bien par où commencer.

– Comment c'est, la maison de retraite où doit aller Grandad ?

– C'est un endroit très calme, dit maman au bout d'un moment. Les infirmières sont très dévouées. C'est le Dr Dunn qui m'a donné cette adresse quand je l'ai appelé de l'Ohio il y a quelques mois. Il prétend que c'est un des meilleurs établissements de la région.

– Tu y es déjà allée ?

Elle cessa de se brosser les cheveux et se pencha pour retirer ses pantoufles.

– Oui. J'ai accompagné ton grand-père, qui voulait rendre visite à l'un de ses amis. Et j'ai été très impressionnée. La maison est gérée avec beaucoup de rigueur. Les patients ont de nombreuses activités, et ils ont l'air très heureux. Mais tu me sembles inquiète, ma chérie. Voudrais-tu y aller ?

– Les jeunes de mon âge ont le droit d'entrer ?

– Bien sûr ! dit Maman en se levant.

Pourquoi n'irais-tu pas demain ? Grandad a justement rendez-vous là-bas, à une heure et demie, je crois. Bill a promis de l'emmener. Il faut que Grandad choisisse sa chambre et qu'il la réserve. Tu vois, c'est un peu comme à l'hôtel !

L'idée de faire tout un trajet en voiture avec Bill ne m'emballait pas. Après ce qu'il m'avait dit, je ne savais pas trop comment me comporter avec lui.

– J'aimerais bien, dis-je à ma mère. Oui, j'aimerais vraiment beaucoup !

Je réfléchissais à toute vitesse. Les pensées se bousculaient dans ma tête. Ce serait formidable... J'étais furieuse contre Bill, mais je n'avais aucune envie de rester fâchée avec lui. Dès que je le reverrais, je lui expliquerais que je risquais de m'abîmer définitivement la hanche si je n'étais pas prudente. Bill serait rouge comme une pivoine et se confondrait en excuses ! Par ailleurs, je tenais vraiment à voir cette maison de retraite.

Je donnai un rapide baiser à ma mère et filai me coucher.

Le lendemain, la matinée fut bien remplie. Même Frankie nous aida à sortir des affaires poussiéreuses du grenier. J'avais beau essayer d'accrocher le regard de Bill, il continuait à m'éviter. J'aurais voulu pouvoir le fixer droit dans les yeux, et lui montrer que je n'avais rien d'une perdante. Peut-être allait-il craquer avant notre départ pour la maison de retraite et s'excuser d'avoir été si injuste avec moi hier soir. J'attendis toute la matinée, mais aucune excuse ne sortit de sa bouche.

À onze heures et demie, Bill rejoignit sa grand-mère, qu'il devait emmener faire des courses. Il dit à Grandad qu'il passerait nous prendre à une heure pour aller à Ocean View. Mais, pas une seule fois, il ne m'adressa la parole.

– Je peux venir avec vous voir la maison de vieux ? demanda Frankie pendant le déjeuner.

– Ce n'est pas une maison de vieux, le reprit maman en posant un verre de lait devant son assiette. C'est une maison de retraite. Et, non, tu ne peux pas venir. Pas cette fois-ci. Nous n'allons pas débarquer là-bas avec toute la famille ! Tu iras un autre jour.

– Une maison de fous, oui ! marmonna Grandad entre ses dents. Tout le monde là-

bas a l'air cinglé. D'ailleurs, s'ils ne l'étaient pas, ils ne seraient pas là.
Ma mère secoua la tête en soupirant :
– Penny s'en fera une idée elle-même !
Grandad se tourna alors vers moi :
– J'en suis convaincu. Mais je préfère te prévenir, ma chérie : c'est un endroit assez effrayant. Il y a là une trentaine de personnes regroupées dans un salon, hommes et femmes, que l'on oblige à s'asseoir à des tables de jeux, à bien se tenir et à jouer aux échecs ou au bridge s'ils ne veulent pas être consignés dans leur chambre. Quand la cloche sonne, ils se mettent en rang pour aller du salon à la salle à manger, où leur est servi un repas affreusement sain à base de sciure et d'épinards. Et quand la cloche sonne de nouveau, ils repartent en rang jouer aux échecs ou au bridge. Tout le monde doit prendre des médicaments pour dormir à poings fermés. Comme ça, les infirmières ne sont pas dérangées pendant la nuit et peuvent regarder tranquillement la télé.
– Arrête, Papa ! se fâcha ma mère. Tu ne dis que des choses horribles.
Je posai ma main sur celle de mon grand-père :

– Alors, si c'est aussi affreux que tu le dis, pourquoi ne viens-tu pas vivre avec nous ? On s'amuserait bien, tous ensemble.
– Tu n'y penses pas, ma petite Penny, répondit-il en riant. Tu es comme ta mère : tu veux m'obliger à faire une chose que je n'ai pas envie de faire. Ici, je me sens chez moi. J'aime cette région, et je n'ai pas envie d'en partir !
Le regard de ma mère se posa sur moi, l'air de dire : « Tu vois, c'est désespéré ! »

Au moment de monter dans la Buick, Grandad insista pour s'asseoir à l'arrière.
– Installe-toi à l'avant avec Bill, me dit-il. Comme ça, je pourrai me prélasser tout à mon aise sur la banquette arrière.
Je savais qu'il voulait que nous soyons ensemble. Mais ça ne changerait pas grand-chose, puisque Bill avait décidé que j'étais une perdante.
Je souris tendrement à mon grand-père. C'était vraiment un vieux monsieur charmant, toujours prêt à blaguer. J'avais du mal à l'imaginer dans l'endroit étouffant qu'il avait décrit pendant le déjeuner. Mais peut-être avait-il exagéré… Il avait toujours

adoré raconter des histoires extravagantes.

Après avoir traversé Newport, nous empruntâmes une route secondaire qui grimpait à flanc de colline. Nous arrivâmes devant la maison de retraite, nichée dans un bois d'immenses sapins et d'érables au bout d'une longue allée.

– Ce bâtiment doit dater de plusieurs siècles, dis-je à mon grand-père. Il est bien plus vieux que ta maison.

– Ils l'ont baptisée Ocean View il y a longtemps, parce que, à l'époque, on apercevait un petit bout d'océan, expliqua-t-il. Mais les arbres ont grandi, et aujourd'hui on ne voit plus la moindre vague d'aucune fenêtre.

En sortant de la voiture, j'entendis sonner une cloche. Grandad et moi échangeâmes un regard en éclatant de rire. Bill nous dévisagea d'un air étonné, et nous nous mîmes à rire de plus belle.

Je suivis mon grand-père jusqu'à un bureau derrière lequel une femme en blouse d'infirmière était penchée sur une pile de papiers. Reconnaissant Grandad, elle lui sourit et lui tendit un dossier.

– Monsieur Penfield, quel plaisir de vous voir par une si belle journée ! Tenez, vous donnerez cela au Dr Sims quand il viendra vous chercher.

Assis sur des chaises inconfortables, nous attendîmes patiemment que le Dr Sims reçoive mon grand-père. J'observais du coin de l'œil Bill, qui était en train de feuilleter un magazine. Ce garçon était vraiment mignon ! J'adorais la façon dont ses mèches folles retombaient sur ses yeux. Ne tenant plus en place, je traversai la salle d'attente pour aller boire à la fontaine.

– Elle ne fonctionne plus, ma jolie, me dit l'infirmière en me jetant un regard par-dessus ses lunettes étincelantes. Mais il y en a une autre à l'étage.

Je lui fis un vague sourire et me dirigeai vers l'escalier. Rester dans la même pièce que Bill me mettait terriblement mal à l'aise. Je me sentais attirée vers lui, mais je savais ce qu'il pensait de moi. Et il ne s'était toujours pas excusé !

Lorsque je redescendis, l'infirmière appela Grandad.

– Monsieur Penfield ! cria-t-elle comme s'il y avait une foule de gens dans la salle.

– Je suis là, dit mon grand-père en se levant, son dossier serré contre sa poitrine.

En le voyant disparaître derrière l'énorme porte en chêne, j'éprouvai un petit pincement de tristesse. Cet endroit sinistre n'était pas fait pour lui, c'était une évidence. Pourquoi ne pouvions-nous pas trouver une autre solution ?
Comme s'il avait lu dans mes pensées, Bill se tourna vers moi :
– Penny, il y a longtemps que je connais ton grand-père. La première fois que je suis arrivé à Newport, il m'a demandé d'entretenir un peu son jardin. Quand j'ai su que je resterais ici définitivement, il a fait tout ce qu'il a pu pour m'occuper et me distraire de mon chagrin. Je n'arrive pas à l'imaginer dans cette maison, au milieu de ces infirmières qui le forceront à prendre des cochonneries dont il n'a pas besoin… De plus, il ne fera aucun exercice physique ! Ils ont l'air de vouloir encourager les gens à mourir plus vite !
– Il faut réfléchir à une solution, lançai-je dans un souffle.
Au même moment, la porte en chêne s'ouvrit et mon grand-père réapparut. Il ne souriait plus.
– Le Dr Sims m'a dit que je pouvais avoir

la chambre qui se trouve à l'angle de l'aile ouest et qui donne à l'arrière, sur le parking, annonça-t-il d'une voix lugubre. Il n'y aura pas d'autre chambre libre en septembre, à moins que quelqu'un meure subitement…

Tout à coup, mon grand-père me parut plus petit et plus fragile ; son visage était pâle comme de la craie.

– Ocean View, tu parles ! Coincé à l'arrière de ce bâtiment, je n'ai aucune chance de le voir, leur océan…

Bill s'approcha du salon, où les pensionnaires étaient en train de jouer aux dames ou aux échecs.

– Ça m'étonnerait que quelqu'un meure subitement, observa-t-il d'un ton détaché. La plupart ont déjà l'air de cadavres ambulants.

– Tu ne fais rien pour arranger les choses, lui dis-je tout bas. Là, tu tombes dans le morbide…

– Inutile de faire des messes basses dans mon dos, dit Grandad. J'ai parlé à plusieurs pensionnaires, et ils détestent tous autant que moi cet endroit.

Nous nous dirigeâmes vers la porte.

– Il y a là des frères jumeaux, Abe et Nat, poursuivit Grandad. Ils sont malheureux comme des pierres d'être ici. Ils disent qu'ils préféreraient aller une bonne fois courir sur la plage et succomber à une crise cardiaque plutôt que rester ici pendant dix ans à jouer aux dames.

Les yeux bleu sombre de Bill se plantèrent dans les miens, et je vis que les idées se bousculaient dans sa tête.

– Penny, murmura-t-il, après le dîner, viens me retrouver en bas de l'escalier.

Chapitre 9

Ce soir-là, dès que je vis Bill courir sur la plage, j'attrapai un pull et descendis le rejoindre. Je le trouvai appuyé au bas de la rampe de l'escalier, en train de reprendre son souffle.

– Je n'ai pas fini mon entraînement, haleta-t-il. Tu n'as qu'à venir avec moi… Ce ne sera pas très long.

– Impossible. Je risque de me refaire mal à la jambe.

Bill me jeta un regard incrédule.
– Je ne plaisante pas, repris-je. Le médecin m'a dit de ne pas surmener ma hanche. De toute façon, nous avions prévu de parler de mon grand-père, pas d'aller courir.
Sans un mot, Bill se laissa tomber sur la dernière marche.
– L'été passe trop vite ! soupirai-je en m'asseyant près de lui. Jason Eddings, l'agent immobilier, est venu aujourd'hui avec un couple intéressé par la maison. Maman pense que la vente va avoir lieu bientôt.
– Pas si ton grand-père s'en mêle !
– Qu'est-ce que tu veux dire par là ?
– En fait, c'est plutôt amusant, dit Bill en riant. Le pauvre Jason Eddings se donne toutes les peines du monde pour trouver un acheteur… et quand il arrive presque à vendre la maison, ton grand-père intervient et s'ingénie à tout gâcher !
– Comment s'y prend-il ?
– Je l'ai surpris en aparté avec un couple d'acheteurs un jour où j'étais venu m'asseoir ici pour récupérer mon souffle. Il a commencé par chuchoter : « Vous savez, je ne devrais pas vous raconter ça, mais

comme vous m'avez l'air d'être de braves gens… Je me sens obligé de vous dire la vérité pour que vous ne vous fassiez pas avoir… »

– Mon grand-père a dit ça ? C'est incroyable ! Il y a pourtant plusieurs mois qu'il essaie de la vendre, cette maison !

Bill éclata de rire :

– Il n'a pas la moindre envie de vendre ! Il cherche à gagner du temps.

Nous nous éloignâmes à pas lents sur la plage, songeurs. Soudain, j'eus une idée.

– Bill, m'écriai-je, ça y est, j'ai trouvé ! Ce serait merveilleux pour Grandad. Près de chez nous, dans l'Ohio, une vieille dame possède une grande et vieille maison qu'elle a transformée en pension de famille après la mort de son mari. Sauf que ce n'est pas une pension ordinaire…

– Comment ça ?

– Elle ne prend que des retraités. Des gens qui ne sont pas assez malades pour aller dans un foyer, mais qui ont juste besoin d'un peu de soins et d'attention. On pourrait faire la même chose ici !

– C'est génial ! s'exclama Bill, tout excité. Ce genre d'endroit existe déjà dans l'Ohio ?

C'est curieux, parce que la même idée m'est venue cet après-midi. Moi qui croyais avoir inventé un concept révolutionnaire !

– Et tu penses que ça pourrait marcher ? Ce serait fantastique, avec la vue sur l'océan et tous les avantages qu'offre la maison…

– C'est exactement ce que je me suis dit. Ton grand-père pourrait embaucher une cuisinière, une femme de chambre et une infirmière à demeure. Et il y a déjà un moment que j'ai mis au point un programme de gymnastique à son intention. Tu sais, je l'ai souvent vu se promener sur la plage. Il adore marcher. Avec un peu d'entraînement, il pourrait apprendre à accélérer le rythme, et même à faire du jogging.

– Tu es fou ! Grandad a soixante-douze ans, et il a déjà eu une crise cardiaque. Si le facteur n'avait pas frappé à la porte de la cuisine pour lui remettre un paquet, il ne serait plus là !

– Justement, reprit Bill vivement. J'ai suivi un stage de remise en forme destiné à des malades cardiaques. Le Dr Terrance m'a expliqué ce qu'il enseignait à ses patients. Quand je lui ai dit que ça m'intéressait, il m'a proposé de venir le voir à Eugene. J'y ai même emmené mes grands-parents pour qu'ils voient ce qu'il faisait. Tu n'en aurais pas cru tes yeux ! Il y avait là des gens qui avaient été gravement malades. Jadis, après une crise cardiaque, on passait le reste de sa vie à mettre de l'ordre dans ses affaires et à se reposer. Résultat : les gens mouraient peu de temps après. Aujourd'hui, on les encourage à retrouver la forme pour qu'ils se sentent encore mieux qu'avant. J'ai discuté avec ton grand-père, et il m'a dit qu'il avait l'habitude de courir, autrefois. Mais je crois qu'il a un peu la trouille…

– Il a pour ça une excellente raison ! Il souffre de problèmes cardiaques, quand même !

– Justement. Courir renforce le cœur. Et le cerveau est mieux nourri par un apport d'oxygène plus important.

Bill se pencha pour ramasser un caillou, qu'il lança de toutes ses forces dans l'océan.

– Ce que j'essaie de te dire, reprit-il, c'est que, si nous arrivions à ouvrir cette pension de famille, je pourrais proposer un programme avec des exercices physiques adaptés.

– Il faut qu'on en parle à Grandad.

– J'aimerais bien qu'on le fasse ensemble.

Brusquement, il se figea et se tourna vers moi.

– Penny, dans combien de temps penses-tu pouvoir te remettre à courir ou à pratiquer un autre sport ?

– Peut-être jamais.

– Ce serait vraiment si mauvais que ça pour toi ?

– Oui, répondis-je d'un ton glacial.

– Penny, poursuivit Bill avec gentillesse, ne serait-ce pas plutôt que tu ne veux pas courir ?

– Je te l'ai déjà expliqué, si je force, je risque de me faire mal de nouveau.

– C'est ce que le médecin t'a dit ?

– Plus ou moins… Tu sais, avant mon accident, j'étais très bonne en sport. Aujourd'hui, si j'essayais de reprendre la natation ou le tennis, je ne serais plus aussi performante qu'avant.

– Est-ce que tu accepterais d'essayer de courir avec moi, un de ces jours ?

– Non, dis-je en détournant le regard. On

se voit demain ? Viens de bonne heure, on va parler de cette idée à ma mère et à mon grand-père.

Bill s'approcha de moi. Il me regarda au fond des yeux, et j'eus soudain l'impression qu'il devinait mes pensées.

– Peut-être courras-tu une prochaine fois avec moi. En tout cas, je te le redemanderai jusqu'à ce que tu cèdes !

– Inutile de te fatiguer ! fis-je en lui souriant. Ça m'étonnerait que je change d'avis. Bon, à demain !

Chapitre 10

Le lendemain, Bill frappa à la porte de la cuisine alors que nous terminions le petit déjeuner. Je mourais d'impatience d'exposer notre idée.

– Que personne ne bouge ! lançai-je à la cantonade. Prends une chaise, Bill, et assieds-toi.

– Que se passe-t-il ? demanda Grandad. Quelqu'un a gagné à la loterie ?

– Non, c'est bien mieux que ça ! lui répondis-je.

Alors, bégayant d'excitation, Bill et moi nous lançâmes dans une longue explication. Grandad se cala au fond de son fauteuil en écoutant attentivement. Maman souleva sa tasse de café, qu'elle garda en suspens devant ses lèvres sans en boire une goutte.

– Papa, dit-elle lorsque nous eûmes terminé, tu n'as jamais envisagé une solution de ce genre ? Tu pourrais continuer à préserver ton intimité. Et quand tu te sentirais un peu seul, tu serais entouré d'amis.

– Oui, mais il faudrait obtenir une autorisation, observa Grandad.

– Et réaménager la maison, ajouta ma mère en regardant autour d'elle, à commencer par la cuisine. Préparer les repas ne serait pas chose facile, car les personnes âgées ne suivent pas toutes le même régime. Et puis aussi les chambres…

– Je pourrais vous aider, proposa Bill.

– Ma propre maison de retraite ! murmura mon grand-père en fermant les yeux un instant.

Quand il les rouvrit, il nous regarda tous avec un sourire radieux :

– Ce serait une façon de réaliser un rêve.

Je garderais la maison…

Maman, elle aussi, rayonnait. Bill en profita pour exposer son programme d'exercices. Grandad l'écouta en silence et, une fois que Bill eut terminé, il se leva pour aller chercher un verre d'eau; puis il se tourna vers nous:

– J'ai l'impression que vous avez longuement réfléchi au problème, tous les deux… J'ai déjà entendu parler de ce genre de programme. Ça m'a l'air très efficace. Bill, permets-moi de t'offrir le premier emploi de la pension Penfield! À temps partiel, bien sûr, puisqu'il faut que tu poursuives tes études.

Le projet commençait à prendre forme. Ce matin-là, nous restâmes trois heures dans la cuisine à discuter de ce qu'il faudrait faire pour transformer la maison en pension de famille. Ma mère téléphona au Dr Dunn.

– Il est d'accord! annonça-t-elle joyeusement après lui avoir parlé longuement. Il m'a dit qu'il envisageait une semi-retraite. Ce serait une occasion formidable pour lui! Il veut bien passer consulter ici une fois par semaine et être disponible en cas d'urgence.

– Mes enfants, on dirait que ça va marcher ! dit mon grand-père, le regard brillant.

Il restait encore quantité de choses à faire. Maman appela l'agent immobilier pour l'informer que la maison n'était plus sur le marché. Bill m'accompagna au garage pour déballer les outils. Peu à peu, tout se mettait en place.

Vers midi, le téléphone sonna. Ma mère m'appela, et je courus prendre la communication dans la véranda.

– Penny, tu ne vas pas me croire ! Ron m'a invitée à sortir avec lui ! Je voudrais te le présenter. Est-ce que tu pourrais venir à la piscine, demain, vers une heure ?

J'étais sur le point de dire non, mais je pensai que ce serait intéressant de faire la connaissance du garçon dont Giddy était amoureuse. Et puis, j'avais très envie de revoir mes deux amies.

– D'accord, je viendrai... avec grand plaisir !

De retour au garage, j'ouvris un des cartons. Bill était en train de remettre des outils en place au-dessus de l'établi.

– C'était Giddy, lui dis-je.

– Giddy Jones ? Je la connais. Nous sommes dans la même école.

– Elle veut que je passe demain à la piscine pour me présenter un garçon qu'elle aime bien.
– Je croyais que tu ne voulais pas mettre les pieds à la piscine ?
– Ma foi…
– Tu veux que je vienne avec toi ? demanda Bill d'un air inquiet.
Je faillis lâcher les tenailles que j'avais à la main :
– Ce serait super… mais je n'y vais pas pour nager. Seulement pour faire la connaissance de Ron et pour voir mes amies.
– Parfait. Je t'accompagnerai.
J'étais contente de savoir que Bill connaissait déjà mes amies. Et puis, j'aurais besoin d'un peu de soutien moral. Regarder les autres nager en sachant que je ne le ferais plus jamais n'allait pas être facile…
– Après, on pourrait aller manger une pizza chez Gallucci's, proposa Bill en empilant des cartons vides dans un coin.
– Oh oui, bonne idée ! J'adore cet endroit.
Pendant une seconde, je contemplai mes mains noires de poussière ; en relevant la tête, je surpris Bill en train de me dévi-

sager. L'impression que j'avais ressentie à Ocean View me revint aussitôt.

« Arrête de te raconter des histoires, Penny Snow, me dis-je. N'oublie pas que ce garçon te considère comme une perdante ! »

Chapitre 11

La piscine municipale de Newport fourmillait d'enfants. Le bruit était assourdissant. En entrant, j'aperçus Jane qui m'attendait devant la caisse. Elle parut un peu surprise de voir Bill ; je ne lui avais pas dit que je le connaissais.

En deux ans, la piscine n'avait guère changé – l'endroit était toujours aussi fréquenté, bruyant… et merveilleusement distrayant. Giddy, assise sur les gradins, me fit signe de la rejoindre. À en croire la façon dont il la regardait et lui souriait, le garçon qui était près d'elle devait être Ron. Un peu plus petit que Bill, il avait des cheveux blonds tirant sur le roux, des yeux gris, un immense sourire et un superbe hâle. Quand Giddy me le présenta comme la vedette du football de son lycée, il rougit, gêné.

« Ron est vraiment beau garçon... et il a l'air parfait pour Giddy », me dis-je. Je lui avais souri, mais je n'étais pas sûre qu'il l'eût remarqué : il n'avait d'yeux que pour Giddy.

Nous étions tous assis sur les gradins, à l'exception de Frankie, qui passait son temps à sautiller entre les bancs. Maman nous avait demandé de l'emmener avec nous, car elle allait avoir une après-midi chargée.

En regardant du haut de mon perchoir les enfants nager, je remarquai deux petites filles qui s'entraînaient à la brasse papillon. Je ressentis un pincement au cœur. Je mourais d'envie de sauter dans l'eau. S'il n'y avait pas eu autant de baigneurs et de spectateurs ou, mieux, si j'avais pu disposer de la piscine pour moi toute seule, peut-être que...

– À quoi penses-tu ? chuchota Bill à mon oreille.
– Oh, à rien de spécial, répondis-je en me forçant à sourire.
– Je n'en crois pas un mot, dit-il en me serrant doucement la main. Ça ne doit pas être facile pour toi.
Je haussai les épaules et lui souris de nouveau. Décidément, ce garçon me comprenait mieux que n'importe qui.
Bavarder avec Jane et Giddy me fit plaisir. Ron était aussi sympathique que séduisant. Mais, au bout d'un moment, fatigués par les travaux de cette matinée, Bill et moi décidâmes d'aller à la pizzeria. De toute manière, j'avais passé suffisamment de temps à regarder les autres nager !
– On aimerait bien venir avec vous, soupira Jane, mais nous sommes de service jusqu'à trois heures de l'après-midi.
Dès qu'elle nous eut dit au revoir, Giddy plongea dans le grand bain pour séparer deux garçons en train de se bagarrer. Ron s'excusa et fila rattraper une petite fille qui courait sur le pourtour glissant du bassin.
– Comme tu vois, nous n'avons pas le temps de nous ennuyer ! gloussa Jane. Nous

sommes responsables de la sécurité de tout le monde et, crois-moi, nous ne nous faisons pas que des copains !

– Vous avez pourtant l'air de bien vous amuser, dis-je d'un ton mélancolique.

– Oui, c'est vrai, admit Jane avec un sourire qui montrait qu'elle avait perçu mon désarroi. Je t'appelle bientôt, d'accord ?

Je me doutais cependant qu'elle n'en ferait rien, et que Giddy n'aurait pas le temps de me voir non plus. Entre leur travail et leurs petits amis, elles seraient toutes les deux bien trop occupées.

Je rejoignis Bill et Frankie et les entraînai vers la sortie. Avant de franchir la porte, je regardai une dernière fois le grand bassin. Tous les enfants s'en donnaient à cœur joie. Je n'avais plus rien à faire ici.

Chapitre 12

– Je n'arrive pas à croire qu'on soit déjà en juillet ! lança ma mère tandis que nous buvions de la limonade glacée dans la véranda.
Grandad se débarrassa de ses chaussures, remua les orteils dans ses chaussettes et s'allongea sur le fauteuil à bascule en rotin.
– Quand on travaille, le temps passe vite, remarqua-t-il.
Arracher le papier peint dans toutes les

pièces n'avait pas été une partie de plaisir; pas plus que repeindre les plinthes et les moulures. Quand arrivait la fin de l'après-midi, nous étions tous épuisés.

Mais, chaque soir, juste avant le coucher du soleil, oubliant sa fatigue, Bill allait courir sur la plage. Pendant le week-end, il partait faire du bateau avec ses grands-parents, si bien que je ne le voyais pas du tout.

J'arrivais à voir Jane et Giddy de temps en temps, mais elles étaient très occupées par leur travail. Certains soirs, je restais assise pendant des heures en guettant la sonnerie du téléphone. J'étais bien obligée d'admettre que je me sentais un peu seule.

Néanmoins, je m'armai de patience et fus bientôt récompensée. Le 3 juillet, Bill me demanda si je voulais aller voir les feux d'artifice avec lui le lendemain soir.

– Ils seront tirés de Yaquina Bay, au sud de la plage, m'expliqua-t-il.

– Oui, je sais. D'habitude, nous y allons tous en famille, mais comme papa n'est pas là, les choses sont un peu différentes. Frankie a déjà invité Bobby, et ils iront là-bas avec maman et Grandad. Je peux donc venir avec toi.

Le sourire de Bill s'élargit.

– Il serait temps que nous passions un moment seuls, toi et moi ! conclut-il.

Je rougis.

Le jour du 4 juillet, ma mère, mon frère et moi fîmes une longue balade dans la pinède avant d'aller pique-niquer sur la plage avec Grandad.

Le soir venu, Bill passa me chercher. Le soleil, rond et écarlate, était sur le point de sombrer dans l'océan. Maman nous avait préparé du poulet, des pommes et des cannettes de soda. J'avais aussi emporté les bâtons de réglisse que m'avait offerts Jessica. Je montai dans la Coccinelle, et nous nous mîmes en route.

« Enfin seuls ! » pensai-je lorsque Bill gara la voiture au sommet d'une colline déserte. Mais au moment où le soleil disparut à l'horizon, plusieurs voitures arrivèrent et, en quelques minutes, nous nous retrouvâmes cernés de véhicules remplis de gamins et de quelques joggers.

– On aurait aussi bien fait d'emmener Frankie…

– Allons, ce n'est pas si grave ! dit Bill en riant. Je suis désolé, Penny… Je ne me doutais pas que tout Newport avait décidé de venir admirer le spectacle du haut de cette colline !

Après avoir fini de manger, nous attendîmes patiemment le début du feu d'artifice. En fait, j'étais contente que Frankie ne soit pas avec nous. Nous étions entourés d'autres gens, mais nous pouvions au moins parler tranquillement dans la voiture. C'est bizarre, mais je n'ai jamais passé un moment aussi agréable à attendre quelque chose. Bill et moi avions des tas de choses à nous dire. Non seulement il était intéressant, mais il savait aussi très bien écouter.

Enfin, le feu d'artifice commença. Des « oh ! » et des « ah ! » émerveillés s'élevaient autour de nous chaque fois qu'explosait un bouquet de lumières. Des étincelles multicolores déchiraient le ciel noir. Soudain, la lune disparut derrière un nuage, et je souris en pensant que le bruit des explosions avait dû l'effrayer.

À la fin du feu d'artifice, les voitures redescendirent vers Newport. Nous les regardâmes s'éloigner en silence. Un quart d'heure plus tard, la colline était de nouveau déserte. Il n'y avait plus que Bill et moi, dans la Coccinelle jaune. La lune était restée cachée, et de gros nuages de pluie avaient envahi le ciel. Une étoile solitaire brillait au firmament.

– On devrait faire un vœu, dit Bill au bout d'un instant. Tu sais ce que je souhaite, moi ? Que cette nuit ne se termine jamais, ajouta-t-il en me prenant dans ses bras.

Puis il se pencha vers moi, me serra contre lui, et ses lèvres se pressèrent sur les miennes en un long et magnifique baiser.

Mais le plus beau restait encore à venir…

– Penny, je crois bien que je suis en train de tomber amoureux de toi, me chuchota Bill au creux de l'oreille.

À cette seconde précise, j'aurais juré qu'un second feu d'artifice venait d'éclater au-dessus de ma tête dans le ciel de Yaquina Bay.

Chapitre 13

– Quatre jours de pluie d'affilée… Il y a de quoi hurler ! se plaignit ma mère alors que nous débarrassions la table.

Depuis le 4 juillet, il n'avait pas cessé de pleuvoir, et tout le monde avait l'impression d'être emprisonné dans la maison. Au bout d'un moment, jouer aux cartes, au backgammon et au Monopoly finit par lasser.

– Heureusement que nous avons de quoi

nous occuper à l'intérieur, dis-je. Mais Bill pense que la pluie va retarder les travaux de peinture de la façade.

– Ce garçon est incroyable ! fit ma mère en secouant la tête. Il ne renonce jamais à s'entraîner !

Malgré le mauvais temps, Bill continuait en effet à courir tous les soirs. Je l'avais aperçu sur la plage sous une pluie diluvienne, qui ne semblait pas le déranger le moins du monde.

– C'est ce qui lui permet de rester en forme, observa Grandad. Vivement que le Dr Dunn m'autorise à courir, moi aussi, au lieu de marcher comme un escargot.

– Bill t'a déjà aidé à accélérer ton rythme, dit maman. Ne sois pas trop pressé. Dès que le médecin t'aura donné le feu vert, tu pourras recommencer à courir.

Grandad se contenta de sourire. Puis il dit avec animation :

– Louise, si on allait acheter une de ces machines, tu sais, ces appareils pour jeux vidéo qu'on branche sur la télévision ? De toute manière, je comptais en prendre un pour mes pensionnaires. Si je l'achète maintenant, j'aurai le temps de m'entraîner un peu… et je raflerai la mise quand je ferai des paris avec mes vieux !

Et c'est ainsi que je me retrouvai coincée à la maison avec pour mission de surveiller Frankie. Il me cassa les pieds jusqu'à ce que j'accepte de jouer avec lui aux petites voitures. Une heure plus tard, le soleil montra son nez, et il insista pour que je l'emmène se promener.

– La pluie s'est arrêtée, mais le sol est complètement trempé, lui fis-je remarquer.

– Tu n'as qu'à appeler Bill. On pourrait aller tous les trois au vieux phare de Newport.

– Il passe la journée avec son grand-père, dis-je en rangeant les petites voitures.

Frankie haussa les épaules :

– Alors, tu n'as qu'à m'y emmener toute seule.

– Je ne suis allée là-bas qu'une seule fois avec Grandad, et je ne me souviens plus par où il faut passer. J'étais toute petite.

Mon frère me regarda comme si j'étais une demeurée.

– T'es vraiment pas marrante ! lança-t-il avant de filer dans sa chambre.

– Au lieu de bouder, tu ferais mieux de

ranger tes jouets ! criai-je du bas de l'escalier.
À cette seconde, la sonnerie du téléphone retentit. C'était Giddy. Je m'allongeai sur la balancelle de la véranda, l'endroit idéal pour avoir une longue conversation. Une heure plus tard, après avoir raccroché, je m'enfonçai paresseusement dans les coussins. Le soleil qui filtrait à travers les vitres me caressait le visage. Je fermai les yeux un instant. Quand je les rouvris, je me rendis compte que j'avais dormi une bonne heure. Maman et Grandad n'étaient pas rentrés ; ils avaient dû s'arrêter chez un ami de mon grand-père. Cela leur arrivait quand ils revenaient des courses. Aussi n'étais-je pas trop inquiète. Frankie devait être en train de jouer dans sa chambre. Mais lorsque je montai jeter un coup d'œil, je ne le trouvai nulle part.
J'eus beau l'appeler plusieurs fois, seul le silence me répondit. Après avoir vérifié dans chaque chambre et dans tous les placards, je redescendis à la cuisine. Il était sans doute en train de se goinfrer de biscuits et faisait exprès de ne pas me répondre pour m'embêter. En découvrant que la cuisine

était vide, je commençai à m'inquiéter sérieusement. J'allai voir dans le garage : aucune trace de Frankie. « Il est sûrement sorti pour profiter du soleil », pensai-je. Aussitôt, je dévalai l'escalier qui menait à la plage ; mais il n'y avait personne à l'horizon. Pas même une mouette. En remontant les marches, j'entendis les voix de ma mère et de mon grand-père dans la véranda.

– Où est ton frère ? me demanda Grandad, tout excité. Quand il va voir ce que nous avons rapporté, il ne va pas en croire ses yeux !

– Je n'en ai aucune idée… Il est monté dans sa chambre, et puis Giddy a appelé, et je me suis endormie sur la balancelle après avoir raccroché. Quand je suis montée, il n'était plus là…

– Comment ça ? demanda ma mère en fronçant les sourcils.

Grandad avait l'air perplexe :

– Il faut le retrouver vite. La radio a annoncé un nouvel orage, un des plus violents de l'été. Il va éclater dans une demi-heure.

Pourtant, le soleil continuait à briller.

– Ils ont dû se tromper, dis-je. Il fait un soleil magnifique.

– Crois-moi, ma chérie, ils ne se trompent pas. L'orage va bientôt éclater, répéta Grandad en me prenant par l'épaule. Bon, voyons où se cache ton frère... Rusty, viens ici ! Mais où est-il passé ? Il a disparu, lui aussi ?

Il ouvrit le placard de l'entrée et en sortit pour prendre un vieux ciré jaune. Puis il enfila de grandes bottes en caoutchouc.

– Où vas-tu ? lui demanda ma mère.

– Je sors, dit-il en la repoussant gentiment.

– Pas sans moi, dit-elle en allant chercher un imper et des bottes.

– Mais vous êtes complètement fous, tous les deux ! m'écriai-je en riant. Il fait un soleil radieux !

Au même moment, j'entendis le bruit familier des gouttes de pluie sur la verrière. La lumière diminua peu à peu, et de gros nuages obscurcirent le ciel.

– J'ai un mauvais pressentiment, me dit ma mère. Peux-tu appeler Bill pour lui demander de nous aider à chercher Frankie ? Si nous ne l'avons pas retrouvé d'ici une demi-heure, c'est sûrement qu'il lui est arrivé quelque chose...

– De quel côté allez-vous chercher ?

– Vers la maison des Bennett et près du magasin d'articles pour bateaux. Il va souvent là-bas jouer à PacMan.
– Mais il est cinq heures passées, dis-je. Le magasin est fermé.
– Je sais, rétorqua maman, agacée. S'il ne l'était pas, j'aurais déjà appelé.
– J'espère qu'il n'est pas allé trop loin, dit Grandad en franchissant la porte derrière ma mère.
À présent, la pluie tombait à verse. Il faisait presque aussi noir qu'en pleine nuit. D'énormes nuages s'accumulaient au-dessus de l'océan, prêts à envahir Newport.
Je décrochai le téléphone et composai le numéro de Bill. Il répondit aussitôt :
– Qu'est-ce qui se passe, Penny ?
À ma voix, il avait deviné que quelque chose n'allait pas :
– J'arrive tout de suite !
Trois minutes plus tard, il frappait à la porte de la véranda, une lampe-torche à la main. Un éclair déchira le ciel, et un coup de tonnerre fit vibrer les vitres.
– L'agence de recherches Bill Davis va retrouver ton petit frère, je te le garantis ! déclara-t-il en m'effleurant affectueuse-

ment la joue. Tu n'as qu'à rester là pendant que je…

– Non. Maman et Grandad sont sortis sous l'orage, et je compte bien y aller aussi.

Me prenant par la main, il m'entraîna derrière lui. Il marchait de plus en plus vite, si bien que je dus me mettre à courir pour rester à sa hauteur. De temps en temps, nous ralentissions pour examiner les recoins sombres des falaises ; Frankie avait pu trébucher sur une vieille souche ou des débris ramenés par les vagues en furie.

– Tu crois qu'il est allé près de l'eau ? demanda Bill en scrutant la pénombre.

– Sûrement pas ! Frankie a peur de l'océan. Grandad lui a raconté des histoires si effrayantes que je ne pense pas qu'il faille s'inquiéter de ça.

Je m'arrêtai un instant, le temps de reprendre mon souffle.

– Attends une seconde… Je crois savoir où il est ! Au vieux phare, oui, j'en suis sûre ! Il avait envie d'y aller… Je parie qu'il en a eu assez d'attendre, et qu'il a emmené Rusty !

– Il vaudrait mieux que tu rentres. Je vais continuer tout seul. Nous allons emprunter une autre torche chez les Norton, et tu

prendras la mienne. Ça ne sert à rien qu'on aille à deux là-bas, dit Bill.
– Non. C'est mon frère, et je tiens à être là s'il a besoin d'aide. Oh pourquoi ne l'y avons-nous pas emmené ? Nous étions tous si absorbés par nos petits problèmes…
– Ce n'est pas le moment de culpabiliser. Gardons notre énergie pour courir.
Alors, je courus aussi vite que je pus à côté de Bill, haletant et soufflant tout le long du chemin. Enfin, nous aperçûmes le vieux phare qui dominait la falaise.
La pluie avait cessé, laissant place à un épais brouillard. La roche était si glissante que Bill dut me tirer jusqu'au sommet de la paroi.
Tout à coup, en arrivant au pied du vieux phare, nous entendîmes des gémissements.
– Il est là ! haletai-je.
Nous nous mîmes à appeler Frankie et Rusty en criant à tue-tête.
Bill trébucha sur une branche tombée en travers du chemin quand une autre plainte se fit entendre tout près. Frankie était là, recroquevillé sous des buissons, à moitié recouvert de feuilles mouillées. Il était trempé jusqu'aux os, et son pied droit,

tordu, était dans une position bizarre.
C'est alors que Rusty surgit des broussailles et fonça sur nous, montrant les crocs et aboyant furieusement pour protéger Frankie.
Dès qu'il nous eut reconnus, il retourna se tapir auprès de mon frère.
– Calme, Rusty, calme… Tout va bien, mon vieux ! lui dit Bill en lui caressant la tête.
Je m'agenouillai près de mon frère.
– Je crois que je me suis cassé la cheville, balbutia-t-il, le visage maculé de boue et de larmes. J'ai glissé, et je suis tombé… Ça fait très mal…
– Écoute-moi Frankie ! Tu vas rester là bien sagement avec Penny et Rusty, lui dit Bill. Je vais aller chercher des secours. Il faut une civière pour te transporter.
– Tu vas nous laisser tout seuls ici ? demandai-je, affolée.
– Vous ne risquez rien, dit-il avec un sourire rassurant. J'en ai pour quelques minutes à peine.
Sans plus attendre, Bill dévala la pente jusqu'à la plage et disparut dans le brouillard.
Faisant de mon mieux pour consoler Frankie, je retirai ma veste et la posai sur

lui pour le réchauffer. Rusty poussait des cris plaintifs. J'avais le sentiment que nous étions seuls au monde. Le vieux phare craquait de toutes parts dans le vent et le brouillard. Les minutes s'écoulèrent, se transformant bientôt en une demi-heure.

Je me redressai pour me dégourdir les jambes. Curieusement, je venais de courir à perdre haleine, et ma hanche ne me faisait nullement souffrir.

Je m'accroupis de nouveau à côté de mon frère :

– Bill va bientôt revenir. Et ensuite, nous rentrerons à la maison boire un bon chocolat chaud avec maman et Grandad.

– Mais ma cheville est cassée… vraiment cassée, pleurnicha Frankie.

– Eh bien, dans ce cas, nous ferons un petit détour par l'hôpital, dis-je en essayant de le réconforter. Ce n'est pas grave, tu seras vite guéri.

– Mais toi, tu n'as jamais guéri…

– Oh, mais si ! dis-je en me relevant. J'ai couru un bon moment avec Bill, et je n'ai pas eu mal du tout. Seulement, je ne savais pas avant ce soir que j'en étais capable.

Lentement, le brouillard commença à se

dissiper. Lorsque Bill arriva avec l'ambulance, la nuit était de nouveau claire et dégagée. Je montai à l'arrière en compagnie de Frankie et d'un infirmier. Bill s'installa avec Rusty à côté du chauffeur.

Des urgences, je téléphonai à ma mère et à mon grand-père, qui venaient tout juste de rentrer. Ils nous rejoignirent aussitôt. Frankie s'était effectivement cassé la cheville et devrait rester quelques jours à l'hôpital. Maman pleura à chaudes larmes, mais Grandad se comporta plus raisonnablement, lui assurant que tout allait bien se passer.

Une heure plus tard, Bill et moi étions assis dans le salon, en train de bavarder et de boire un chocolat chaud devant le feu que Grandad avait allumé dans la cheminée.

– Dis-moi, remarqua Bill en souriant, j'ai pu constater ce soir que tu étais excellente à la course à pied !

Décidément, il ne voulait pas me lâcher… Et il refusa de le faire jusqu'à ce que je lui aie promis d'aller courir le lendemain matin avec lui.

Chapitre 14

Je dus grimper sur un tabouret pour attraper mes baskets sur la dernière étagère de l'armoire. Une des premières choses que j'avais faites après avoir ouvert mes bagages avait été d'y enfouir le cadeau de Jessica. Si elle m'avait vue les enfiler, nul doute qu'elle se serait moquée de moi ! Le réveil indiquait cind heures et demie, et je frémis en pensant que j'allais courir au lieu de rester tranquillement sous ma couette à dormir. Pourquoi avais-je accepté une chose aussi folle ? « Rien qu'une petite distance, m'avait assuré Bill. Jusqu'à la maison des Norton et retour. Je ne t'en demanderai pas plus, c'est promis. »

En laçant mes baskets, je me dis que j'avais cédé pour une seule raison : le faire taire.

J'étais en train d'avaler mon jus d'orange quand j'entendis frapper discrètement à la porte de la véranda. Bill était là, souriant, vêtu d'un short et d'un T-shirt vert foncé.

– Tu croyais que j'allais me dégonfler, n'est-ce pas ? lançai-je en lui rendant son sourire.

– Tu es splendide !

– Chut… Il ne faut pas réveiller maman et Grandad. Après la soirée qu'ils ont passée, ils ont besoin de dormir !

– Emmenons Rusty, chuchota Bill. Il sera ravi de courir.

Nous sortîmes de la maison à pas de loup et descendîmes l'escalier jusqu'à la plage.

– Tu n'as jamais couru ?

– Non, pas vraiment… Je ne suis d'ailleurs pas certaine que ce soit une bonne idée…

– Tu as pourtant des baskets idéales pour ça.

– Elles sont toutes neuves ! Je ne les ai encore jamais mises. C'est un cadeau de ma meilleure amie. Je n'avais pas l'intention de m'en servir…

– Figure-toi que j'ai posé la question à ta mère, et elle m'a dit que ton médecin t'avait au contraire encouragée à faire de l'exercice. Alors, arrête de me raconter que ce serait mauvais pour ta jambe.

À ces mots, je me figeai. Quel grossier personnage !

– Alors, tu me traites de menteuse, maintenant ?

– Non, dit Bill en rougissant. Peut-être astu préféré te convaincre que c'était la vérité. Comme ça, tu n'avais plus à te soucier de compétition ou de victoire.

– Ben voyons… Ne compte pas sur moi pour aller courir avec toi, Bill Davis !

Posté devant les marches, il me bloquait le chemin vers la maison. Partant dans la direction opposée, je faillis trébucher sur Rusty, mais ne m'arrêtai pas. Bill me rattrapa sur la plage.

– Attends, Penny, je ne voulais pas…

Sans répondre, je continuai à courir.

– Non, pas comme ça !… Ne cours pas sur

la pointe des pieds. Tu vas attraper des crampes aux mollets et t'abîmer les tendons !

Je me laissai tomber sur le sable en riant comme une folle. Bill se jeta près de moi, lui aussi hilare, et je jure que même Rusty avait l'air de sourire.

– Oh, Penny ! dit Bill enfin, excuse-moi si je t'ai fait de la peine. C'est la dernière chose que je voudrais, puisque... je t'aime !

Tout doucement, il se pencha et me donna un long baiser qui me laissa hors d'haleine comme si je venais de courir pendant des heures.

– Bon, assez musardé comme ça ! déclara-t-il soudain en me prenant par la main. Au boulot !

Je me relevai.

– Ce que je te demande, c'est d'être à l'écoute de ton corps. Demande-toi si ta jambe ou ta hanche te fait mal. Si tu ressens la moindre douleur, c'est que ton corps te dit qu'il ne faut pas courir. Nous arriverons à remédier à ça. Mais si ton corps ne proteste pas, alors... cours !

Bill se pencha et effleura mon front d'un baiser.

– Souviens-toi que ton but est de courir, pas de te mesurer à qui que ce soit.

Il restait là, tout près de moi. Mon cœur faisait des bonds dans ma poitrine.

– Maintenant, respire naturellement. Si tu ne vas pas vite, inutile d'ouvrir trop grand la bouche. Mais si tu accélères, n'hésite pas à emmagasiner le maximum d'air.

Finalement, nous nous élançâmes sur le sable mouillé.

– Garde le buste droit et redresse la tête. Penche-toi légèrement en avant.

– Qu'est-ce que je fais de mes bras ?

– Garde les coudes pliés, mais sans les coller au corps. Il faut que tes mains soient souples et relâchées.

Nous courions maintenant à belle allure. Je ne ressentais aucune douleur – et j'en fus la première étonnée. Répondant aux signaux que m'envoyait mon corps, je n'éprouvais qu'une envie : continuer à courir !

– Aujourd'hui, nous allons nous limiter à une petite distance, dit Bill. Et ensuite, nous nous reposerons au pied de la falaise, devant la maison des Norton.

J'avais trouvé mon rythme. Bientôt, je me

mis à transpirer à grosses gouttes. C'était la première fois depuis l'accident que j'avais la sensation d'exercer un véritable contrôle sur mon corps. Quand je marchais, je prenais toujours soin de ménager ma hanche endommagée. Mais là, en courant, j'enchaînais les mouvements le plus naturellement du monde.

En arrivant à la hauteur de la maison des Norton, Bill m'attrapa doucement par le bras :

– Faisons une petite pause ici. Mais continue à courir sur place pendant quelques secondes.

Rusty, qui avait filé loin devant nous, revint sur ses pas. Nous nous adossâmes contre la paroi de la falaise. Au bout de quelques minutes, Bill alla ouvrir un robinet dissimulé derrière un rocher.

– Viens boire un peu. Quand on court, il est important de bien s'hydrater.

Je me penchai pour boire au robinet. Jamais l'eau ne m'avait semblé aussi délicieuse !

– Je ne m'étais pas rendu compte que j'avais soif à ce point, dis-je en respirant un grand coup.

– Comment te sens-tu ?

– Bien… Je me sens même très bien !

Nous restâmes là un moment à essayer de calmer notre respiration.

Il y avait longtemps que je voulais interroger Bill sur son passé, et le moment me paraissait bien choisi.

– Pardonne-moi de te dire ça, mais la dernière fois que je t'ai vu ici, il y a deux ans, tu étais plutôt… du genre grassouillet.

Bill renversa la tête en arrière en s'esclaffant :

– Oui, plutôt ! Cet été-là, j'étais censé ne passer que quelques mois à Newport…

Soudain, son sourire s'évanouit, et il s'appuya contre les rochers. Il resta silencieux quelques secondes avant de reprendre la parole :

– C'était avant l'accident… Tu vois, Penny, moi aussi, j'ai eu un accident.

Il se tut. Toujours silencieuse, j'attendis qu'il continue à raconter son histoire.

– Cet été-là, mes parents devaient beaucoup travailler, reprit-il enfin. Ils comptaient ouvrir une usine de composants électroniques et savaient qu'ils seraient trop occupés pour être à la maison à des heures régulières. Alors ils m'ont envoyé passer les vacances chez mes grands-parents.

– Où habitais-tu ?

– À Huntington Beach, en Californie. Mes parents avaient là une petite entreprise, mais ils avaient décidé de la transférer à San Diego. Ils ont passé un bon bout de temps à chercher un endroit qui leur convenait. Un agent immobilier qui possédait un petit avion leur a organisé une visite, et ils sont partis avec lui. Il y a eu un problème mécanique au moment où ils survolaient les montagnes, et l'avion s'est écrasé. Voilà comment est arrivé mon accident.

– Grandad m'a dit que tes parents étaient morts tous les deux…

– Oui… C'est pour ça que je suis resté ici. Mon oncle s'est chargé de vendre la maison et l'entreprise. Je suis retourné là-bas avec mes grands-parents juste pour les obsèques.

Il interrompit son récit. Quand il le reprit, sa voix tremblait légèrement.

– Je me suis senti très mal pendant quelque temps, vraiment très mal. Je ne mangeais plus rien. J'allais souvent marcher sur la plage. Ce que j'avais vraiment envie de faire, c'était d'avancer dans les vagues et

de les laisser m'engloutir… Au lieu de quoi, j'ai commencé à courir à perdre haleine. Je me souviens de m'être dit que si j'allais encore plus vite, mon cœur finirait par lâcher… Je tomberais raide mort, et tout serait fini. Un jour, je courus, je courus, et comme je ne savais pas respirer correctement, je tombai d'épuisement. Mon cœur battait en résonnant comme un tambour à mes oreilles. Ce jour-là, j'ai appris une chose : qu'il est difficile de courir et de s'apitoyer sur soi-même. Mon rythme cardiaque s'est finalement ralenti, et je te jure que j'ai entendu mon père me dire que j'avais toute la vie devant moi et que je devais en faire quelque chose. Et, aussi sûr que je suis là avec toi, j'ai entendu ma mère me dire que si je voulais courir, il fallait que j'apprenne tout ce qu'il y avait à apprendre pour le faire le mieux possible…
Sa voix se brisa ; il hésitait entre les larmes et le rire.
– Bon, assez perdu de temps comme ça. Il faut repartir. Allez, Rusty, tu viens ?
Très vite, nous renfilâmes nos baskets et, bientôt, Bill et moi courions côte à côte, Rusty batifolant devant nous.

Désormais, je connaissais un peu mieux Bill. Ce garçon me plaisait. Il me plaisait vraiment.
Quelquefois, il arrive que l'affection se transforme en amour.
Je crois bien que, tandis que je courais avec Bill ce jour-là, c'est exactement ce qui m'arriva.

Chapitre 15

Frankie resta à l'hôpital une semaine, se laissant gâter sans vergogne par maman, Grandad et moi-même, et s'habituant à l'idée qu'il devrait se déplacer un temps avec des béquilles. Au bout d'un jour ou deux, mon petit frère commença vraiment à me manquer. Ce que je fus assez bête de lui avouer quand il rentra à la maison.
Il m'embrassa affectueusement. Sentir ses petits bras s'enrouler autour de mon cou me fit très plaisir.

– Toi aussi, tu m'as manqué ! me confia-t-il tout bas.

Je me dis qu'en grandissant il deviendrait probablement un frère très supportable.

Au cours des semaines suivantes, des tonnes de choses se produisirent. Les pièces étaient à présent terminées ; la plomberie avait été entièrement refaite dans les salles de bain et une grande partie du toit avait été réparée. Bill et un peintre en bâtiment avaient rafraîchi la façade de la maison. Mon grand-père avait reverni la table en bois sculpté de la salle à manger, et ma mère avait trouvé une nappe en dentelle que ma grand-mère avait remisée des années plus tôt au grenier. Grandad nous expliqua qu'elle avait brodé cette immense nappe parce qu'elle avait toujours espéré avoir une grande famille. Comme ils n'avaient eu qu'un seul enfant, cette nappe allait servir pour la première fois. La maison ressemblait de plus en plus à une pension de famille.

Tout le monde travaillait sans relâche, mais Bill et moi arrivions à nous ménager quelques instants en tête à tête. Chaque matin, avant le petit déjeuner, nous allions courir sur la plage avec Rusty. Dès que nous avions un moment de libre, nous le passions ensemble. Bill me montrait des endroits que je ne connaissais pas, et d'autres que je connaissais déjà, mais que j'avais envie de revoir. Jessica avait eu raison : c'était le plus bel été de ma vie !

Un jour, nous étions assis en silence sur la plage, en train de regarder les vagues se briser sur le sable. Bill me caressait doucement les cheveux. Tout à coup, il se leva pour sortir un papier de sa poche.

– Signe là.

– Qu'est-ce que c'est ? lui demandai-je, intriguée.

– Signe !

– Attends, je…

– Tiens, voilà de quoi écrire, dit-il en me tendant un stylo.

– Mais qu'est-ce que c'est ?

– C'est la course à pied de dix kilomètres qui est organisée au bénéfice de la recherche sur le cancer. Elle a lieu chaque année à la fin de l'été. La plupart des gens qui y participent pratiquent cette discipline en amateur, si bien qu'il ne s'agit pas vraiment d'une compétition.

– Dix kilomètres ? Ce n'est pas rien…

– Ce n'est pas si long.
– Tu es complètement fou ! J'arrive à peine à parcourir deux kilomètres sans être essoufflée…
– Allez, Penny, signe !
– Pas question ! Jamais de la vie !
Bill me prit par les épaules et me serra contre lui.
– Je me suis inscrit. Cette course va durer une bonne partie de la journée. Je pensais que ça te plairait de passer ce temps avec moi.
– Je resterai sur le côté pour t'encourager, lui dis-je en lui rendant le papier. Depuis quand trimballes-tu ce truc dans ta poche ? On dirait qu'il va tomber en morceaux.
– Depuis le début de l'été, répondit-il avec un sourire timide. J'avais peur de t'en parler. Écoute, Penny ! Le montant de l'inscription est intégralement reversé à la recherche sur le cancer. C'est pour une bonne cause. Allez, signe là, et je déposerai le bulletin dans l'urne à la piscine.
– Combien coûte l'inscription ?
– Quatre dollars.
– D'accord. Je veux bien faire don des quatre dollars. Je te les confierai en rentrant

à la maison. Mais si tu t'imagines que je suis assez stupide pour participer à cette course, c'est que tu es plus fou que je ne le pensais !

– Pourquoi ne veux-tu pas t'inscrire ?

– Parce que je ne peux pas gagner, c'est tout !

– Le but n'est pas de gagner, rétorqua Bill, agacé. La distance est un peu longue, c'est vrai, mais si tu arrives au bout, tu triompheras de cette partie de toi, obtuse et bornée, qui te dit que tu en es incapable. Tu remporteras une victoire sur cette autre fille qui est en toi et qui s'acharne à te compliquer la vie. Allez, signe ! répéta-t-il en me fourrant le papier dans la main.

Puis il m'attira contre lui. Je voulus me dégager, mais toute volonté de résister s'envola d'un seul coup. Fermant les yeux, je sentis ses baisers glisser sur ma joue, puis sur ma bouche. Ma main se relâcha, et je laissai tomber le stylo. Bill sembla ne pas le remarquer, mais quand il cessa de m'embrasser, il sut exactement de quel côté se pencher pour le ramasser.

– Idiot, je te dis que je ne peux pas, lançai-je en m'éloignant le long du rivage.

Chapitre 16

Le lendemain matin, quand le téléphone sonna et que Grandad décrocha, je pensai qu'il s'agissait d'un des ouvriers, ou bien du Dr Dunn qui voulait lui recommander un nouveau locataire. C'est lui qui avait trouvé un couple de gens âgés pour faire la cuisine et quelques menus travaux en échange du gîte et du couvert.

– Téléphone pour toi, Penny ! cria mon grand-père. C'est Bill. La sœur de sa grand-mère, qui vit à Portland, est malade. Il les emmène là-bas et sera absent une semaine.

Je pris le téléphone et discutai brièvement avec Bill. Après avoir raccroché, je restai un long moment à réfléchir. J'éprouvais des sentiments contradictoires – déçue par la perspective de ne pas le voir pendant plusieurs jours, j'étais en même temps soulagée de ne plus avoir à discuter de cette maudite course.

– Tu n'es pas allée courir, ce matin, dit ma mère en entrant dans la cuisine pour préparer le petit déjeuner.

– Non, j'étais trop fatiguée. Je me suis couchée tard hier soir.

Elle me jeta un regard en biais sans rien dire. Je n'avais aucune envie de lui raconter ce qui s'était passé la veille avec Bill.

Juste après le petit déjeuner, il y eut un autre coup de fil. C'était Giddy.

– Salut ! fit-elle d'une voix essoufflée. J'ai un service à te demander, Penny. Oh, je t'en prie, ne dis pas non, nous sommes dans le pétrin !

– Tu sais bien que je ferais n'importe quoi pour toi ! dis-je en riant. Alors, de quoi s'agit-il ?

– Il n'y a personne ici qui puisse s'en tirer

aussi bien que toi. Nous avons une classe d'enfants, entre huit et dix ans, que nous entraînons pour les compétitions régionales. Jane et moi avons réussi à leur apprendre pratiquement toutes les nages, la brasse, le crawl, le dos crawlé… mais pour le papillon, nous ne sommes pas très au point ! Il nous faudrait quelqu'un capable d'observer les enfants et de leur dire ce qui ne va pas.

– Ruth Bailey était plutôt bonne, il y a quelques années. Pourquoi ne l'appelles-tu pas ?

– Elle vit maintenant à Washington.

– Ah ! dis-je, décontenancée. Et tu veux que je vienne leur apprendre la brasse papillon, c'est ça ?

– Exactement ! Tu n'auras même pas besoin de te mettre à l'eau. Oh, Penny ! ils ont tellement envie de gagner…

– D'accord.

Je l'entendis soupirer de soulagement :

– Ils vont être fous de joie ! Merci mille fois, Penny !

Giddy proposa de passer me chercher à huit heures le lendemain matin. J'expliquai la situation à ma mère, qui me sourit d'un air approbateur :

– Tu verras, transmettre son savoir est une chose très agréable. Tout le monde n'a pas la chance d'avoir Donna Mathew comme premier entraîneur !

Donna avait fait partie de l'équipe olympique et avait passé ensuite quelques années à entraîner les nageuses de Carousel. Les enfants de l'équipe de Newport devaient avoir à peu près le même âge que moi à mes débuts. Je ne pus m'empêcher de sourire en pensant que c'était moi qui allais les aider. Au moins, je servirais à quelque chose !

Le matin suivant, j'enfilai un short et un T-shirt bleu, puis rassemblai mes cheveux en queue de cheval. Il fallait que les enfants puissent voir mes épaules quand je leur montrerai les mouvements de la brasse papillon.

– Tu n'as pas mis ton maillot de bain ? me demanda ma mère, que je croisai sur le palier.

– Non, ce n'est pas la peine. L'entraîneur explique ce qu'il faut faire en restant au bord du bassin.

– Ah bon ! fit ma mère avant de s'éloigner vers sa chambre.

Giddy klaxonna à huit heures pile, et nous partîmes aussitôt.

À la piscine, il y avait déjà plein d'enfants de divers âges. Ron s'adressait à un groupe de petits garçons, sagement alignés en rang d'un côté du bassin.
Giddy m'emmena jusqu'à son groupe et elle me présenta aux enfants :
– Voici Penny Snow. Il y a deux ans, elle a remporté le championnat de brasse papillon de l'Ohio !
Les enfants me dévisagèrent, le regard plein d'admiration. De très vieilles sensations me revinrent brusquement, et je me sentis toute fière.
Giddy s'adressa à son groupe :
– La brasse papillon est une nage de compétition, beaucoup plus rapide que les autres. Et c'est éreintant ! Le papillon n'offre pas grand intérêt sur de longues distances, mais il est très efficace sur des parcours de nage intensive.
Elle se tourna vers moi :
– Voilà... Ils sont à toi, Penny !
J'inspirai profondément avant de prendre la parole :
– Bon, asseyez-vous tous en rond autour de moi pour bien me voir. Je vais d'abord vous montrer le mouvement et vous

expliquer ce qu'il ne faut surtout pas faire. Voilà ! Ne lancez pas vos bras trop loin en avant au moment de remonter. N'essayez pas d'attraper quelque chose. Et si vous sentez que vous avez tendance à couler, accélérez un peu le rythme. Gardez les hanches assez hautes, en contractant bien les muscles du ventre. Et vos jambes doivent rester souples à partir de la hanche…

Les enfants m'observèrent avec attention tandis que j'exécutai les mouvements. Je leur montrai ensuite comment coordonner le travail des jambes et des bras et leur expliquai le battement de pieds.

– En compétition, on utilise le double battement, c'est-à-dire deux battements de pieds pour chaque mouvement de bras. Regardez bien !

Ensuite, je leur fis part de quelques consignes élémentaires en compétition, et ils burent religieusement chacune de mes paroles. Estimant qu'ils avaient compris, je décidai qu'il était temps pour eux de mettre la leçon en pratique.

Une petite fille, âgée de neuf ans environ, semblait avoir des difficultés à ne pas couler. Après plusieurs tentatives, elle renonça et sortit de l'eau. Elle prit sa serviette, la mit sur ses épaules, puis alla s'asseoir sur les gradins en se faisant plus petite qu'une souris.

Comme les autres enfants se débrouillaient plutôt bien, je les abandonnai un instant pour aller parler à la petite fille :

– Tu es déjà fatiguée ?

– Oui, dit-elle d'une voix désolée. Je suis nulle... Je n'arrive pas à nager aussi vite que les autres. Même les plus petits me dépassent.

– Comment t'appelles-tu ?

– Tawny Price.

– C'est un joli nom. Tu sais quoi, Tawny ? Je vais m'occuper de toi tout particulièrement. Retourne dans l'eau... On va essayer de comprendre pourquoi tu n'avances pas.

Elle haussa les épaules, et je vis qu'elle avait les larmes aux yeux. Néanmoins, elle se leva, posa sa serviette et alla vers le bassin. Elle se laissa glisser dans l'eau et commença à nager. Aussitôt, je compris quel était son problème. Je la rappelai vers le bord.

– Tu respires trop tôt, Tawny. Ça t'empêche de pousser à fond avec tes mains.

Docile, elle recommença le mouvement.

– Encore trop tôt ! lui criai-je.
Giddy vint me rejoindre.
– Tu veux aller dans l'eau avec elle ? Elle a l'air d'avoir du mal...
– Tu as un maillot à me prêter ?
– Naturellement ! fit Giddy en souriant.
Elle m'emmena aux vestiaires, où étaient rangés les maillots de bain utilisés lors des compétitions officielles. Quelques minutes plus tard, je ressortis de la cabine, vêtue cette fois du costume professionnel ! Avec un mélange d'excitation et d'appréhension, je plongeai.
Rester à côté de Tawny me permit de corriger facilement son défaut. Très vite, elle rejoignit le groupe en nageant à la même vitesse. À la fin de l'entraînement, quand les enfants commencèrent à quitter la piscine, Giddy vint s'asseoir avec moi sur les gradins. Discrètement, Tawny s'approcha.
– Je voudrais devenir une bonne nageuse, Penny, aussi bonne que toi. Tu crois que j'ai des chances d'y arriver ? Tu crois que, moi aussi, je serai capable de gagner une coupe, un jour ?
Les conseils de Donna me revinrent en mémoire, aussi clairement que si je les

avais entendus la veille. Pourquoi ne pas donner les mêmes à cette petite fille ? À mes débuts, ils avaient été pour moi une aide extrêmement précieuse.

– Tawny, choisis la nage que tu préfères et efforce-toi de la pratiquer aussi parfaitement que possible, comme je te l'ai montré aujourd'hui. Ne cherche pas à te mesurer à la meilleure nageuse de ton groupe ou à battre les temps des équipes nationales ou olympiques.

– Mais… je veux les battre !

– Bien sûr. Il est important que tu connaisses ces temps, et que tu te donnes pour objectif de les battre ; mais ce qu'il faut avant tout, c'est que tu apprennes à te mesurer à toi-même. Ce qui compte, c'est que tu améliores tes propres performances.

Je n'avais plus repensé à ces conseils depuis des années. Et subitement, je me rendis compte à quel point ils étaient justes. Il y avait longtemps que je n'avais pas participé à un championnat, si bien que j'avais oublié que le véritable combat était celui qu'on livrait à soi-même. Je me souvins du jour où j'étais arrivée à la seconde place. Mais je n'avais pas été déçue, car j'avais battu mon meilleur temps. Une autre fille avait certes été plus rapide, mais ce n'était pas ça, l'important. Brusquement, je pensai à Bill et à ce qu'il m'avait dit à propos de la course à pied.

Giddy et moi allâmes nous changer avant de rentrer à la maison.

– C'est génial, ce que tu as fait pour nous aujourd'hui ! me dit-elle en marchant vers la voiture. Ces enfants ont maintenant une base pour bien nager le papillon. Et ce que tu as dit à la petite Tawny l'aidera sûrement plus tard, quand elle sera confrontée au stress de la compétition.

– Qui sait ? Peut-être qu'un jour elle participera aux Jeux olympiques…

– Ce serait drôle ! fit Giddy en se glissant derrière le volant. Imagine… On lui remet une médaille face aux caméras de télévision, et elle déclare devant la planète entière : « Je voudrais remercier mon premier entraîneur, Penny Snow ! »

Giddy et moi partîmes d'un grand éclat de rire. Cette journée avait été parfaite. J'aurais donné tout ce que je possédais pour que Bill soit à mes côtés. Il aurait été très fier de moi !

Chapitre 17

Le lendemain, je quittai la maison endormie à quatre heures quarante-cinq, décidée à faire cinq kilomètres et demi, au lieu des trois dont je m'étais contentée toute la semaine. Il faisait encore sombre, mais le soleil commençait à se lever, embrasant la mer et le ciel d'une lueur rosée.

J'étais contente d'être seule. Il s'était passé tant de choses que j'étais heureuse de pouvoir m'évader un peu. La maison de retraite heureuse de Grandad était prête. Le personnel de service arriverait le lendemain de notre départ pour l'Ohio. Et, quelques jours plus tard, les pensionnaires emménageraient à leur tour.

Grandad s'était installé un bureau dans une petite pièce du rez-de-chaussée, car il avait décidé de gérer lui-même sa pension de famille. Jugeant que ce serait une bonne chose pour lui, ma mère ne s'en était pas mêlée. Mais son projet le plus fantastique concernait le grenier: il avait prévu d'y aménager des petites chambres pour accueillir les invités des pensionnaires qui viendraient de loin et chercheraient un endroit où loger. Grandad nous avait promis que nous pourrions utiliser le grenier chaque fois que nous aurions envie de lui rendre visite. Il m'avait fait jurer de revenir à Newport pendant mes vacances d'été.

M. et Mme Gregory, le couple de retraités qui s'occuperaient de la cuisine et du ménage, auraient une des chambres du premier étage qui donnaient sur l'arrière. Une infirmière à la retraite, Julia Mattson, dispenserait des soins aux pensionnaires en échange du gîte et du couvert. La chambre qu'occupait ma mère serait celle d'Abe et de Nat, les jumeaux d'Ocean View. M. et Mme Hardy prendraient la chambre de Frankie, et la mienne deviendrait celle des sœurs Gunther, deux demoiselles pleines de fougue qui résidaient actuellement à Ocean View. La chambre du rez-de-chaussée avait été transformée en salle de jeux. Il y avait maintenant une télévision, un ordinateur, des jeux vidéo et un billard, ainsi que des bibliothèques pleines de livres passionnants.

Arrivée devant la maison des Norton, je m'affalai sur le sable au pied des rochers. Rusty fonça au robinet en me lançant un regard suppliant.

– D'accord, Rusty, tu vas boire… Mais laisse-moi récupérer une seconde…

Quand l'eau coula sur sa tête, il s'ébroua joyeusement. Je repensai au jour où nous étions venus là avec Bill. Il me manquait tellement que mon cœur se serra. Fermant les yeux, je m'appuyai contre la falaise en me demandant ce qu'il était en train de faire. Est-ce que je lui manquais aussi ?

Rusty aboya plusieurs fois en me donnant

des petits coups de museau, puis se mit à bondir comme un fou pour m'encourager à repartir.

– C'est bon, Rusty ! dis-je d'une voix traînante. Prépare-toi, car, cette fois, on va courir sérieusement.

Soudain, je devinai une présence. D'un bond, je me relevai. Il était trop tôt pour qu'il y ait des promeneurs sur la plage...

– Penny...

Bill se tenait devant moi, les cheveux au vent. Il me sourit :

– Nous sommes rentrés très tard hier soir. Je suis descendu voir si tu étais venue t'entraîner.

Il avança vers moi, et je me précipitai dans ses bras. Je sentis son souffle sur mon cou.

– Penny, tu m'as tellement manqué...

– Toi aussi, tu m'as manqué !

– J'ai passé une semaine épouvantable. Je voulais t'appeler, mais j'avais peur que tu m'en veuilles d'avoir insisté pour que tu t'inscrives à la course.

– Elle a été épouvantable pour moi aussi, avouai-je en l'embrassant sur la joue. J'avais peur que tu m'en veuilles de ne pas avoir accepté.

Il me serra très fort contre lui. Les rayons du soleil levant caressaient la plage.

– Je suis content de voir que tu n'as pas renoncé à courir.

– Il faut que je m'entraîne, dis-je en plongeant mon regard dans ses yeux bleus. Je tiens à être en pleine forme pour la course !

Chapitre 18

Le départ de la course avait lieu devant l'Embarcadero, l'hôtel le plus chic de Newport. De là, il faudrait parcourir cinq kilomètres jusqu'à la rivière, puis revenir jusqu'à l'hôtel. Le matin du jour J, le temps était idéal, frais et ensoleillé.

– C'est une épreuve difficile, me dit Bill tandis que nous roulions vers la baie. Mais si tu règles bien ton rythme et si tu ne pars pas trop vite, tu ne dépenseras pas toute ton énergie sur les premiers kilomètres, et tu devrais arriver à finir. Fais de ton mieux.

Puis il m'expliqua que les coureurs étaient répartis par classes d'âge ; dans chacune, un homme et une femme se verraient remettre une médaille. Je serais en concurrence avec des filles de quinze à dix-neuf ans. Bien entendu, Bill me rappela de ne pas prendre ça pour une compétition. J'essayai de me remémorer les conseils que j'avais donnés à la petite Tawny Price ; mais j'avais du mal à voir les choses de cette façon. Bill me dit encore qu'il y aurait plusieurs concurrents sérieux, mais que la plupart des participants s'inscrivaient juste pour s'amuser.

Nous nous étions levés tôt pour avoir le temps de nous échauffer. Maman, Frankie et Grandad devaient nous rejoindre un peu plus tard. Rusty serait consigné à la maison afin de ne pas provoquer d'incident : il aurait voulu courir devant la foule et remporter la victoire !

Bill me donna une dernière recommandation :

– Attention à ta position dans le groupe ! Si tu es devant, ceux qui seront derrière risquent de te bousculer ou de te renverser en te dépassant. Si tu es trop loin derrière, tu devras remonter en fendant la foule. Commence par rester dans le peloton arrière. Tu pourras toujours doubler quelques concurrents par la suite.

C'est alors que j'aperçus maman, Frankie et Grandad. Ils avaient apporté des sièges pliants et étaient en train de les installer.

– Vas-y, Penny ! m'encouragea mon grand-père.

– T'es la meilleure ! hurla mon petit frère.

Je regardai une fille à côté de moi.

– C'est ta première course ? me demanda-t-elle timidement.

– Oui. Je cours tous les jours depuis deux mois, mais seulement sur la plage, et jamais plus de quatre ou cinq kilomètres.

– Moi, je passe les vacances chez mon oncle et ma tante. Mon oncle m'a inscrite sans même me demander mon avis !

Elle était un peu grassouillette, mais elle avait un visage magnifique. « Elle devrait perdre du poids », pensai-je.

– Moi aussi, je suis là en vacances. Je vis dans l'Ohio.

– En tout cas, tu as une sacrée bande de supporters ! remarqua-t-elle en souriant.

Elle sortit de sa poche un élastique pour attacher ses cheveux. Elle avait une peau superbe et des yeux verts qui me firent penser aux billes avec lesquelles jouait mon petit frère. Pourquoi s'était-elle laissée aller à grossir à ce point ?
– Je sais que je suis trop grosse pour courir vite, dit-elle comme si elle avait deviné mes pensées.
– Oh, pas vraiment mentis-je, tout à coup affreusement gênée.
– C'est un problème hormonal, m'expliqua-t-elle.
Puis elle me parla de son père, qui avait été champion de football avec son université, et de son frère, l'un des plus grands basketteurs de la côte nord-ouest du Pacifique. Ils étaient là tous les deux, sur le bord du trottoir, et espéraient bien la voir gagner dans sa catégorie.
– Je ne vois pas comment je pourrais y arriver ! J'ai eu beau leur dire que c'était impossible. Chez nous, je cours parfois sur la piste du stade, mais je n'ai jamais participé à une vraie compétition.
– Ils comprendront, tentai-je de la rassurer.
– Tu sais ce qui serait le pire ? Que je

finisse dernière ! Je crois que j'en mourrais de honte.

– Oh ! ce ne serait quand même pas une catastrophe. Au fait, je m'appelle Penny Snow. Et toi ?

– June Peek, répondit-elle en lissant les plis de son short.

Au même moment, le haut-parleur grésilla, et le silence se fit parmi la foule. Le présentateur annonça que le départ serait donné quelques minutes plus tard.

Je me tournai vers June.

– Bonne chance ! lui dis-je, surprise de constater que j'étais sincère.

Elle allait en avoir besoin. Cette course semblait avoir une telle importance à ses yeux !

Le coup de pistolet retentit, et les gens qui m'entouraient s'élancèrent. Je vis que June était déjà loin devant moi. Elle courait plutôt bien, mais son rythme était trop rapide pour un début d'épreuve.

Il ne me fallut que quelques minutes pour la rejoindre. Je me sentais en grande forme, comme à l'époque où je courais sur la piste de l'école entre les entraînements de basket. Notre professeur nous poussait à faire partie de l'équipe d'athlétisme, mais la natation était la seule chose qui m'intéressait vraiment.

– Hé, June ! fis-je en arrivant à sa hauteur. Ne cours pas trop vite… Tu vas te fatiguer et tu n'auras plus d'énergie pour terminer.

– Il faut que j'avance, soupira-t-elle. Dès que ma famille ne me verra plus, je ralentirai…

En effet, une fois la première courbe franchie, elle se retrouva vite derrière moi. Je continuai à courir à un rythme régulier, mais au bout de trois kilomètres, je ressentis la fatigue. « C'est probablement parce que ton corps a été conditionné pour cette distance, pensai-je. Tu n'as qu'à te dire que tu viens juste de commencer. » Ma respiration se calma, et je repartis de plus belle.

À un moment, June me rattrapa.

– Tu devrais ralentir, lui dis-je. N'oublie pas ce que je t'ai dit.

Elle m'adressa un petit sourire :

– Merci… Mais je ne peux pas me permettre de laisser tomber.

Et, sans m'écouter, elle fila devant. Visiblement, personne ne lui avait appris à courir. Ses parents seraient-ils vraiment furieux si elle arrivait dernière ? Ils devraient plutôt être satisfaits de voir qu'elle avait fait de son mieux !

Nous étions maintenant à mi-parcours. La majorité des coureurs avait déjà fait demi-tour. Je me trouvais au bout du peloton, c'est-à-dire avec les derniers. Ma jambe et ma hanche commençaient à se raidir. En regardant devant moi, j'aperçus June. Elle se tenait pliée en deux sous un arbre.

– C'est un point de côté, lui dis-je en la rejoignant. Respire à fond. Personne n'en est jamais mort ! Allez, vas-y, tu n'essaies même pas…

– Non, cette fois, c'est fichu, haleta-t-elle. Ne perds pas de temps…

– Je ne perds rien du tout ! Voilà, c'est bien… Continue à respirer comme ça.

Il lui fallut un bon moment pour récupérer. À présent, même les jeunes enfants et les plus vieux coureurs nous avaient dépassées.

– Nous n'arriverons jamais à les rattraper ! gémit June.

– Mais si. Viens, tu n'as qu'à régler ton rythme sur le mien.

Côte à côte, nous repartîmes. Son élastique

s'était détaché, et ses longs cheveux rebondissaient sur ses épaules. De temps à autre, je lui rappelais de respirer à fond.

– Si je termine la dernière… c'est la catastrophe, ne cessait-elle de répéter.

Nous avions accompli les trois quarts du parcours. De nouveau, ma hanche et ma jambe se raidirent. J'essayai de me décontracter en pensant à des choses apaisantes, comme l'océan ou les couchers de soleil sur Newport… et à Bill. En réalité, je pensai surtout à lui et à ce qu'il était devenu pour moi.

La course était presque terminée. Nous apercevions l'arrivée, et la foule des concurrents qui avaient déjà franchi la ligne. Repensant alors aux instructions de Bill, je fis un dernier effort. Je ne serai pas la dernière ! Je puisai dans ce qui me restait d'énergie pour dépasser June. En la doublant, j'entendis son souffle rauque. Je me retournai vers elle.

Elle était en piteux état. Ses cheveux pendouillaient sur ses épaules, et je vis des larmes briller dans ses yeux verts. Cette course représentait pour elle un tel enjeu… Elle semblait cruellement déçue ; et

pourtant elle aurait dû être ravie d'être arrivée jusqu'au bout du parcours ! Moi aussi, j'allais finir. Et pourtant, je n'aurais jamais cru que j'en serais capable.
Et, tout à coup, une chose étrange se produisit : au lieu d'accélérer dans la dernière ligne droite, je ralentis. Lorsque June me dépassa, je lui lançai :
– Vas-y, tu y es presque !
Elle me fit un bref signe de la main, de ceux que l'on adresse à un conducteur compréhensif qui vous laisse vous faufiler devant lui dans un embouteillage.
Maintenant, j'apercevais les spectateurs qui encourageaient les derniers concurrents. June me précédait de plusieurs mètres, et il n'y avait plus personne derrière moi. Pas même un petit enfant… Bravement, je redressai la tête. J'allais finir… comme tout le monde !
À bout de souffle, je franchis la ligne d'arrivée. Quelqu'un me tendit une serviette, avec laquelle je m'épongeai le visage et le cou.
Soudain, Bill surgit devant moi. Fendant la foule, il s'était précipité à ma rencontre. Je me sentis prise d'un léger vertige et je me

laissai aller de tout mon poids contre lui.
Il me serra dans ses bras en passant la main dans mes cheveux trempés et en couvrant mes joues brûlantes de baisers. C'est alors que je remarquai le ruban qu'il avait autour du cou. Une médaille en or brillait sur sa poitrine.

– Oh, Bill, tu as gagné ! Je suis si heureuse pour toi !

Il me sourit et me serra de nouveau tout contre lui :

– Tu as réussi à terminer, toi aussi ! Je suis très fier de toi !

– Oui, Bill, j'ai réussi ! dis-je en pleurant de joie. Jamais je n'aurais cru que j'y arriverais…

Je regardai autour de moi et aperçus June, entourée par son père, son oncle et sa tante qui la félicitaient. Elle aussi pleurait et riait en même temps. Son regard croisa le mien, et je sus que nous nous étions comprises.

Bill s'écarta d'un pas pour retirer sa médaille. Puis il me la passa autour du cou.

– Pourquoi fais-tu ça ? dis-je, interloquée.

– Parce que tu l'as méritée. Tu as remporté une grande victoire.

Il m'empêcha de l'enlever. Plusieurs

personnes me demandèrent dans quelle catégorie j'avais gagné. Avant même que je puisse ouvrir la bouche, Bill leur répondit que j'avais atteint le but que je m'étais fixé, ce qui faisait de moi une gagnante.

– Hé, Penny ! appela quelqu'un dans la foule.

C'était Giddy.

– Jane et moi avons suivi la course. Nous ne savions pas que tu y participais. Je n'arrive pas à croire que tu aies couru dix kilomètres…

– Oui, et je me sens en pleine forme !

– Ah oui ? Alors, que dirais-tu de venir demain à la piscine ? Si tu peux parcourir une telle distance, tu dois bien pouvoir faire quelques longueurs !

Avant de lui répondre, j'échangeai un sourire complice avec Bill :

– Je croyais ne plus jamais pouvoir nager… Mais tu sais quoi ? Je vais quand même essayer !

FIN

Cœur Grenadine

Impression réalisée sur CAMERON par

CPI
Brodard & Taupin
La Flèche

pour le compte des Éditions Bayard
en février 2007

Imprimé en France
N° d'impression : 39934